KB164223

SOCIAL IMPACT

소셜임팩트

SOCIAL IMPACT

소셜임팩트

다음 10년을 결정하는 평판의 힘

이상일 · 최승범 · 박창수 지음

한국경제신문

비즈니스를 뒤흔드는 거대한 변화, '소셜임팩트'

이번 주에는 어떤 기업 혹은 브랜드가 보이콧을 당할까? 비즈니스와 사회문제는 관계가 없다는 전통적 시각은 이제 더 이상 유효하지 않다. 소비자들은 더 착한 회사, 더 착한 제품을 원한다.

전 세계 소비자의 87퍼센트는 가치 있는 사회문제·환경문제를 지지하는 브랜드를 사용하겠다는 의지를 밝혔고, 우리나라에서도 소비자 열 명 중 여덟 명이 상품을 구매할 때 기업윤리가 자주 영향을 준다고 말한다.

무슨 일이
벌어지고 있는 걸까?

잘나가던 미국 기업들의 몰락

폭발적인 성장세를 기록하던 미국의 캡슐커피 회사 큐리그Keurig는 한순간의 타격으로 6분기 연속 막대한 적자를 기록하며 비즈니스 자체를 위협받고 있다. 환경 이슈 때문이다.

큐리그는 캡슐형 커피 케이-컵K-Cup을 개발해 2014년 기준 한 해에만 47억 달러의 매출을 올린 회사다. 캡슐커피 용기는 플라스틱, 필터 그리고 알루미늄 박피로 만들어진다. 그런데 사용 후 캡슐이 안에 남은 커피 찌꺼기가 분리되지 않은 채로 버려져 환경에 심각한 악영향을 끼친다. 소비자들은 막대한 이익을 챙긴 큐리그에 사회적 책임을 묻고 대안을 요구했다. 하지만 큐리그는 구체적인 자료를 공개하길 거부하여 대중의 뭇매를 맞았다.[1]

세계 최고의 유니콘 기업으로 현대자동차의 두 배가 넘는 기업 가치를 자랑하던 차량공유 서비스 회사 우버Uber는 2017년 갑자기 창업자가 무기 휴직에 들어갔고 임원들도 줄줄이 사퇴했다. 사내 성희롱과 갑질 논란 때문이다.

우버에서 소프트웨어 엔지니어로 일하다 퇴직한 여직원이 근무 당시 성희롱을 당했다는 사실을 블로그에 올렸다. 그녀는 직속상사의 성희롱을 인사 부서에 알렸지만 아무런 조치도 취해지지 않

환경 이슈로 타격을 입은 캡슐커피 회사 큐리그의 대표 상품 그린마운틴

네브래스카주 링컨에 있는 미국 중서부 지역 재활용 공장에 쌓인 플라스틱 병들

©연합뉴스

왔고, 오히려 자신이 부서를 옮겨야 하거나 근무평가에서 불이익을 당할 수 있다는 얘기만 들었다고 한다. 여기에 전 CEO 트래비스 캘러닉Travis Kalanick이 우버 운전사와 말다툼하며 삿대질을 하는 모습이 담긴 블랙박스 영상이 공개되면서 막말과 갑질 논란까지 불거졌다.[2]

미국의 유명 아웃도어 유통 회사 엘엘빈L. L. Bean은 2017년 갑자기 불매운동의 타깃이 됐다. 엘엘빈 이사이자 창업주의 손녀인 린다 빈Linda Bean이 트럼프 선거 캠페인 때 3만 달러를 기부했다는 선거관리위원회의 보고가 있자 당시 취임 전이던 트럼프 대통령이 지지에 감사한다며 올린 트윗 때문이었다.[3] 숀 고먼Shawn Gorman 회장이 직접 나서 오해를 풀어달라고 호소했지만 매출 하락을 피할 수 없었다.

Donald J. Trump ✔
@realDonaldTrump

"엘엘빈의 린다 빈에게. 당신이 보여준 지지와 용기에 감사를 표합니다. 사람들은 이제 귀사를 더욱 지지할 것입니다. 엘엘빈을 구입하십시오."

5:50 AM – 12 Jan 2017

↩ ↻ 19,691 ♥ 80,598

엘엘빈 불매운동의 원인이 된 트럼프 대통령의 트윗   ©연합뉴스

한국은 다를까?

생활용품의 대명사였던 옥시는 가습기 살균제 파문으로 순식간에 매출이 90퍼센트 급감했고, 결국 시장에서 퇴출당했다. 그때부터 가습기 살균제 제품은 누구도 생산하지 않고 있다. 소비자의 안전에 방점을 둔 강력한 불매운동 때문이다.[4]

한국을 대표하는 항공사였던 대한항공은 오너 2세들이 경영 일선에서 줄줄이 물러났다. 고 조양호 회장이 경영권 방어에 안간힘을 썼지만 끝내 실패했다. 가족들의 갑질 논란이 끊이지 않았기 때문이다.[5]

대구에서 시작해 전국적인 브랜드로 성장한 호식이두마리치킨 역시 오너가 경영 일선에서 물러나고, 브랜드는 겨우 명맥만 유지하고 있다. 오너의 20대 비서 성추행 사건 때문이었다.[6]

이런 사례들은 사회적으로 파장이 큰 이슈들이었기 때문에 그

가습기 살균제 파문의 옥시

오너가의 경영 퇴진을 요구하는 대한항공 직원들의 촛불집회

©연합뉴스

후폭풍도 컸다. 과거였다면 신문 한 귀퉁이에 보도돼 잠시 시끌시끌하다가 이내 잠잠해졌을 수도 있다. 하지만 지금은 그렇지 않다. 소비자들이 달라졌기 때문이다. 기업윤리에 손상이 가는 사건들이 벌어졌을 때, 소비자들은 더 이상 '전통적 언론 보도'에만 의존하지 않는다. 뉴스를 해석하고 기업을 평가하고, 의견을 달아 퍼나르고 공유한다. '냄비처럼 끓었다가 금방 잠잠해질 것'이라는 기대가 더는 통하지 않는 시대가 됐다. 소비자들은 더 예민해지고 더 똑똑해졌다. 기업 홍보실에서 언론 보도에 대응하는 것으로 다 덮을 수 없는 시대가 된 것이다.

당신 기업은
사회적으로 유익합니까?

이제 '사회적 혜택'이다

기업을 둘러싼 사회문제는 대부분 상품 외적인 이슈들로, 과거에는 무시하더라도 비즈니스에 미치는 영향이 거의 없었다. 그러나 지금은 결정적 요인이 되고 있다.

기업/브랜드는 소비자에게 기능적 혜택을 주는 것에서 시작했다. 그다음은 감성적 혜택이었고, 지금은 사회적 혜택이 핵심이다.

소비자들은 기업/브랜드가 사회적으로 필요한 이유를 질문한다. 환경을 위해, 다음 세대를 위해, 소외된 사람들을 위해, 여성을 위해, 사회 전체를 위해 무엇을 하고 있는지 묻는다. 그리고 소비자에게 어떤 사회적 혜택을 줄 것인지 묻는다. 여기에 적극적으로

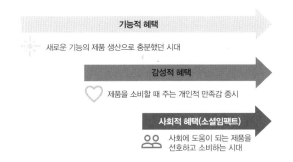

비즈니스와 상품 외적인 혜택의 중요도 변화

기능적 혜택
새로운 기능의 제품 생산으로 충분했던 시대

감성적 혜택
제품을 소비할 때 주는 개인적 만족감 중시

사회적 혜택(소셜임팩트)
사회에 도움이 되는 제품을 선호하고 소비하는 시대

대답하는 기업/브랜드는 소비자들의 지지 속에 성공의 역사를 써 나가고 있다.

갓뚜기와 벅세권, 그리고 반대편의 기업

오뚜기는 젊은 층을 중심으로 '갓뚜기'로 불린다. 라면값을 올리지 않고, 세금을 제대로 냈으며, 어린이 수술비를 지원하는 '착한 기업'이기 때문이다. '미역국 라면' 등 신제품이 출시될 때마다 소비자들은 "갓뚜기가 해냈다"라며 열광한다. 오뚜기의 라면 시장 점유율은 30퍼센트까지 치솟았다. 갓뚜기 열풍은 사회적 소비가 한국에서도 확고한 트렌드임을 보여준다.

스타벅스도 가파른 성장세를 이어가고 있다. 스타벅스가 입주하는 오피스텔이나 상가에는 '축 스타벅스 입점 확정'이라는 플래카드가 붙는다. '벅세권'이라는 용어까지 생겼다. 스타벅스는 '공정무역' 이슈에 적극적으로 대응해, 커피 농가들에 정당한 금액을 주고 원두를 산다. 원두의 질이 더 좋아졌고, 소비자 만족도도 높아졌다. 또한 환경보호를 위해 종이 빨대를 도입했다.

반면 롯데는 힘겨운 시기를 보내고 있다. 경영권 분쟁 과정에서 불거진 '일본 기업' 파장이 여전하다. 오너 일가 모두가 일본말을 쓴다는 점, 회장의 어설픈 한국말을 소비자들은 잊지 않는다. 사드 부지 제공을 이유로 중국에서 어려움을 당해도 아무도 나서주지 않았다. 국내 신규 채용을 늘리고 투자를 확대해도, 돌아오는 것은

'일본 기업'이라는 사회적 평가다.

소비자 파워?
사회적 파워다!

방금 산 이거, 어때 보여?

SNS가 일상화되면서 사람들은 자신의 가치를 집단적으로 평가하고, 공유하고 있다. 이것은 지구적 차원에서 벌어지는 일상이다. 기업/브랜드에 대해서도 매 순간 집단적인 평가를 하며, 이 역시 지구적 차원에서 이뤄진다. 방금 내가 구매한 기업/브랜드의 상품을 SNS에 올리고 평가를 받으며, 다른 사람의 SNS에 의견을 제시한다.

> "내가 산 이 상품이 다른 사람들 눈에 좋게 보일까, 안 좋게 보일까?
>
> 이 상품을 구매하면 현명하고 똑똑한 사람처럼 보일까,
>
> 바보 같아 보일까?"

만족, 아니면 보이콧

기업/브랜드는 소비자의 이런 질문에 만족스러운 대답을 내놓아야 한다.

"우리 상품을 사용하는 당신은 사회적으로 바람직한 사람이자,

　매우 똑똑한 사람입니다!"

이런 질문에 제대로 대답하지 못하는 기업/브랜드는 SNS상에서 집단적이고 상시적으로 이뤄지는 평가에서 나쁜 성적을 기록한다. 그러면 유감스럽게도 소비자들에게 보이콧당할 위험성이 커진다.

　이런 소비자 집단행동이 매번 합리적인 것은 아니다. 이해관계가 개입된 노이즈도 많고 불합리한 비판도 존재한다. 그러나 다수 소비자가 공감하고 공유하는 소셜임팩트Social Impact의 영역에서 '잘못된 선동'은 오래가지 못한다. 걸러지고 정화되면서 '그럴 만한 가치'가 있는 것들만 살아남고 확산된다. 결국 알맹이만 남아 사회적 힘을 키워가는 것이다.

비즈니스 지각 변동의 시작,
소셜임팩트

기업에 대한 사회적 평가를 중시한다

지구적 차원에서 매 순간 집단적으로 진행되는 평가에 대응하기 위해서는 기업/브랜드가 근본적으로 변해야 한다.

　이것은 마케팅의 문제가 아니다. '착한 마케팅'으로 당장 소비

자의 관심을 끌 수는 있다. 그러나 기업/브랜드가 근본적으로 바뀌지 않으면 쉽게 잊힌다.

　사회공헌 활동을 말하는 것도 아니다. 소비자들은 취약계층을 지원하느냐 아니냐를 묻는 것이 아니라, 소비자와 사회를 위해 무엇을 하고 있는지 직설적으로 묻는다. 좋지 않은 방식까지 사용해서 번 돈의 일부를 취약계층을 위해 쓸 게 아니라, 처음부터 사회에 도움이 되는 방법으로 비즈니스를 하라는 것이다.

　우리나라 국민 중 83퍼센트가 "기업에 대한 사회적 평가가 제품을 살 때 영향을 준다"라고 말한다. 모든 세대와 모든 지역에서 과반수의 소비자가 기업윤리를 따진다. 이런 경향은 30대와 40대에서 특히 강하게 나타난다.

　기업/브랜드에 대한 사회적 평가는 다양한 방면에서 일상적으로 이뤄진다. 앞서 언급한 기업들이 마케팅 역량이나 홍보 능력이 부족해서 그런 결과를 얻었을까? 전혀 그렇지 않다. 핵심은 마케팅과 홍보만으로 대응하기에는 힘에 부치는 시대라는 점이다.

비즈니스 역사의 분기점, 소셜임팩트

지금은 비즈니스와 사회문제 간 경계가 허물어지고 있다. 소셜임팩트라는 지구적이고 강력한 변화가 비즈니스의 토대 자체를 뒤흔들고 있다.

"과거는 서막에 불과하다."

– 윌리엄 셰익스피어, 《템페스트》 –

비즈니스 역사는 소셜임팩트 이전과 이후로 나뉜다. 비즈니스의 판도가 완벽하게 재편되고 있다. 과거를 고수할 것이냐, 새로운 시대에 조응할 것이냐를 묻는 것 자체가 이미 무의미하다. 비즈니스 지형이 전면적으로 바뀌고 있고 변화의 속도 또한 가속중이다. 지금 필요한 것은 소셜임팩트 흐름을 따라잡기 위한 빛처럼 빠른 행동이다.

소셜임팩트
차례

1부
의미

전 지구적 충격,
소셜임팩트

1장

부인할 수 없을 정도로 선해져라

세상에는 두 종류의 회사가 있다.
고객에게서 돈을 더 받기 위해
일하는 회사와
덜 받기 위해 일하는 회사.
아마존은 후자다.

제프 베조스Jeff Bezos, 아마존 CEO

사회와 비즈니스 간의 장벽은 더 이상 존재하지 않는다. 사회문제에서 거리를 두는 것이 미덕이던 시대는 이미 지나갔다. 이제 비즈니스는 무너진 장벽을 넘어 들이닥치는 사회문제를 직접 대면해야 한다. 그리고 사회 구성원으로서 책임 있는 행동에 나서야 한다.

기존의 비즈니스 방식을 고수하는 것은 자유다. 다만, 멀어져 가는 소비자들의 뒷모습을 안타깝게 쳐다봐야 하는 대가를 치를 것이다. 새로운 비즈니스 지형에 적응해야 한다. 새로운 비즈니스 문법을 배워야 한다. 소셜임팩트가 도대체 무엇을 말하는지 온몸으로 들어야 한다.

더 나은 세상을 노래하는
소셜임팩트

더 큰 이익, 그리고 지속가능성

'소셜임팩트'는 구글에서 17억 1,000만 건에 달하는 검색 결과가 나올 정도로 폭발적인 용어다. 선진국을 중심으로 급속도로 확산중인 소셜임팩트는 정치 · 경제 · 사회 등 거의 전 부문에 걸쳐 사용되고 있는 메가트렌드다. 한국에서는 여전히 '사회적 가치', '사회적 기여'라는 단어가 주로 사용되고 있어 소셜임팩트라는 단어가 낯설다. 그러나 기부와 사회공헌 단계를 넘어 진화한 소셜임팩트 트렌드가 빠르게 수용 · 확산될 것이다.

소셜임팩트는 크게 두 가지 의미로 구성된다. 첫째, '더 큰 이익에 기여하는 것'이다. 최소 단위의 조직에 영향을 미치든 지역 사회나 전 세계적으로 영향을 미치든, 소셜임팩트는 명확하게 긍정적인 영향을 의미한다. 둘째, '지속가능성'이다. 사회에 미치는 긍정적인 영향이 일회적이거나 단기간에 그쳐서는 안 되고, 장기적이고 지속적으로 유지되어야 한다.

좋은 기업과 위대한 기업

세계경제포럼World Economic Forum은 소셜임팩트의 목표로 '사회개선'을 제시한다. 포드자동차 CEO인 윌리엄 클레이 포드 주니어William Clay Ford Jr.는 이렇게 말한다.

> "좋은 기업과 위대한 기업 사이에는 한 가지 차이가 있다. 좋은 기업은 훌륭한 상품과 서비스를 제공한다. 위대한 기업은 훌륭한 상품과 서비스를 제공할 뿐만 아니라, 세상을 더 나은 곳으로 만들기 위해 노력한다."

세계적으로 확산되는
'임팩트 투자'

임팩트 투자는 적극적인 행동이다

'임팩트 투자'가 각광받고 있다. 임팩트 투자란 재무적 측면의 수익과 함께 사회문제나 환경문제의 해결을 목적으로 하는 기업, 단체, 펀드들에 대한 투자를 말한다. 한마디로 소셜임팩트가 투자에 적용되면서 파생된 용어다.

임팩트 투자를 최초로 주창한 사람은 록펠러재단의 회장 주디스 로딘 박사Dr. Judith Rodin다. 그는 《임팩트 투자의 파워The Power of Impact Investing》라는 저서를 통해 '지속가능한 사회 혁신을 위한 도구'로서 자본의 역할을 재정립했다.

환경오염, 무기 개발 등 사회적 · 환경적으로 피해를 주는 기업에 투자하지 않는 것은 소극적 행동이다. 이에 반해 임팩트 투자는 적극적 행동으로, 재무적 가치와 사회 · 환경적 가치를 동시에 추구하면서 사회문제를 해결하는 비즈니스에 투자해 사회개선을 유도한다. 즉 자본의 새로운 역할이다.

590조 원에 달하는 임팩트 투자 규모

글로벌임팩트투자네트워크GIN가 발표한 자료에 따르면 2018년 전 세계 1,340개 이상의 임팩트 투자 기관이 5,020억 달러(약 593조

원)를 운용한 것으로 추산된다.[1] 2015년 70조 원 대비 8.4배 성장
한 규모다. '블랙록' 등 세계적인 투자기관들은 앞 다투어 임팩트
투자 펀드를 조성하거나 임팩트 투자를 편입하고 있다.

2017년 7월 글로벌 사모펀드인 베인캐피털Bain Capital이 3억
9,000만 달러(약 4,400억 원) 규모의 더블 임팩트 펀드Double Impact Fund
를 조성했다. 같은 해 10월에는 글로벌 사모펀드 운용사인 텍사스
퍼시픽그룹Texas Pacific Group이 20억 달러(약 2조 3,000억 원) 규모의 라
이즈 펀드The Rise Fund를 조성했다. 이처럼 글로벌 임팩트 투자는 비
약적으로 증가하고 있다.

국내에서도 임팩트 투자 활성화를 위한 움직임이 보인다. 문재
인 정부 출범 후 금융지원과 세제혜택 등 다양한 정책적 노력이
진행 중이다. 하지만 아직까지는 금융투자업계가 활발히 동참할
유인책이 부족하다는 지적과 함께 실질적인 투자 활성화로 이어

글로벌 임팩트 투자 시장 규모

(단위: 달러)

약 5,020억

약 598억

2015년   2018년

자료: 글로벌임팩트투자네트워크(GIN)

지는 속도는 더딘 상황이다. 그러나 임팩트 투자의 가치와 성과들이 확산되는 흐름 속에서 한국 자본시장도 임팩트 투자에 동참하는 기류가 강해지는 도약기를 거치게 될 것이다.

가장 보수적인 자본 시장에서 가장 혁신적인 임팩트 투자가 성공적으로 운용되고 있다는 사실만큼 비즈니스 환경의 변화를 단적으로 보여주는 사례도 없을 것이다.

지구의 위기, 그리고
자본주의의 위기

"우리에게도 미래가 있어야 한다"

2019년 9월 20일, 기후변화를 우려하는 전 세계 수백만 명의 청소년이 미국을 비롯하여 유럽, 아시아, 아프리카 전역을 뒤덮었다. 전 세계 160여 개국 수천 개 도시와 마을에서 벌어진 이 시위에서 참가자들은 "당신들에겐 미래가 있었다. 우리도 그래야 한다"라는 구호로 기성세대와 정치권을 향한 항의의 목소리를 높였다. 시위를 주최한 환경단체 350.org는 전 세계 150여 개국에서 약 400만 명이 참석한 것으로 추산했다.[2]

"이대로 죽을 수 없다"

그리고 며칠 지나지 않은 10월 7일, 전 세계 60여 개 도시에서 또 다시 청소년들이 시위를 벌였다. 기후변화 방지 운동단체 '멸종저항XR, Extinction Rebellion'이 주도하는 시위였다. 이들은 "이대로 죽을 수 없다"라는 강경한 구호를 외쳤다.

기후변화로 대표되는 지구의 위기는 '자본주의의 위기'로 대치되고 있다. 기업들이 자본주의 이념에 따라 맹목적으로 이윤을 추구해왔고, 그 결과 환경오염을 초래한 측면이 크기 때문이다. 자본주의의 미래를 우려하는 사람 중에 유독 경제학자와 기업인이 많은 것도 이와 무관하지 않다.

망가진 지구 중심에서
사회개선을 외치다

기업은 더 많은 책임을 져야 한다

물론 모든 책임을 기업에만 돌리는 것은 가혹하다. 환경, 인권, 빈부 격차 등 지구촌이 안고 있는 사회문제는 기업과 각국 정부의 공동책임이다. 또한 UN 등 국제기구를 중심으로 전 세계적인 협력을 통해서만 해결할 수 있는 문제다.

그렇다고 기업의 책임이 줄어드는 것은 아니다. 기업의 이윤 추구 과정에서 발생한 문제들이기에 해결의 의무를 피할 수 없다. 또한 기업이 혁신의 최전선에서 중심 역할을 할 수 있기 때문에 더 많은 책임과 혁신을 요구하는 것이다. 국제기구와 각국 정부의 노력만으로는 문제가 해결될 수 없다. 더욱이 이들 공공기관의 문제 해결 방식은 비효율적이기도 하다. '금지·규제'는 효율적으로 수행할 수 있지만 '혁신·창조'는 공공기관의 몫이 아니다.

착하면서도 혁신적인 기업

'착하면서도 혁신적인 기업'에 대한 희망이 커지는 이유다. 이런 기업의 창조적 기술과 비즈니스 모델은 영리활동을 하면서 사회문제를 해결한다는 점에서 확실한 대안으로 부각되고 있다.

소셜임팩트는 망가진 지구 중심에서 '사회개선'을 외치는 세계적 목소리다. UN, 세계은행, OECD 등 모두가 사회개선을 말한다. 미국과 유럽의 선진적 기업인들도 사회개선을 통해 자본주의의 위기를 극복해야 한다고 주장한다. 이들은 기업이 그 중심이 되어야 하고, 기업만이 문제를 해결할 수 있는 핵심 주체라고 선언한다.

2장

당신이 잠든 사이에도 세상은 변한다

과거에 당신을 성공으로 이끌었던
바로 그 비결이
새로운 세계에서는 먹히지 않을 것이다.

루이스 E. 플랫 Lewis E. Platt, **HP 전 회장**

소셜임팩트는 메가트렌드로 불릴 만큼 거대한 흐름이다. 또한 어느 날 갑자기 생겨난 것이 아니라 50여 년이라는 오랜 세월에 걸쳐 축적되고 다듬어진 역사적 개념이다. 당신이 잠든 사이에도 세상은 50여 년 동안 꾸준히 변한 셈이다.

소셜임팩트를 정확히 이해하기 위해서는 이런 역사적 배경을 이해해야 한다. 아는 만큼 보이고, 보이는 만큼 정확한 행동을 취할 수 있다.

'침묵의 봄'에서 시작된
지속가능한 발전

지속가능한 발전 개념의 등장

1962년에 출간된 레이첼 카슨Rachel Carson의 《침묵의 봄》은 환경오염 문제를 대중에게 고발한 기념비적인 책으로 추앙받고 있다. 책이 출간된 이후 세계적으로 환경오염에 대한 관심이 촉발됐고, 각국은 환경오염 관련 법안을 제정했다.

UN도 적극적으로 나섰다. 환경오염 문제는 전 세계 모든 국가의 협력을 통해서만 해결 가능한 문제이기 때문이다. UN을 무대로 환경보호가 우선인가, 경제성장이 우선인가를 놓고 대대적인 논쟁이 벌어졌다. 긴 논쟁 끝에 양 진영은 한 발씩 양보해 환경보호와 경제성장을 양립한 '지속가능한 발전Sustainable Development'이라는 개념을 결론으로 내놓았다. 이때가 1972년이다. 한국 사회에서는 2000년대에 와서야 그 개념이 소개되고 활발한 논의가 시작됐으니 많이 늦었다.

소셜임팩트의 등장

한국 사회의 무관심과 달리 UN에서는 지속가능한 발전이라는 개념이 보완을 거듭했다. 환경문제뿐만 아니라 사회문제(평등, 인권, 평화, 성평등, 의식주 권리 등)를 적극적으로 포괄했으며, 2016년에는 이를 총괄한 '지속가능 발전 목표SDGs, Sustainable Development Goals'를 제시했다.

최근 OECD가 주로 말하는 포괄적 성장Inclusive Development은 지속가능한 발전이라는 어젠다를 유지하면서 빈부 격차 문제에 초점을 맞춘 개념이다.

소셜임팩트라는 말 자체는 최근에 만들어졌다. 하지만 전혀 새로운 개념은 아니다. '지속가능한 발전'이라는 어젠다가 사회에 미친 긍정적 영향을 발전시켜, 사회를 구성하는 모든 조직(국가·조

'지속가능 발전 목표'의 개발 과정

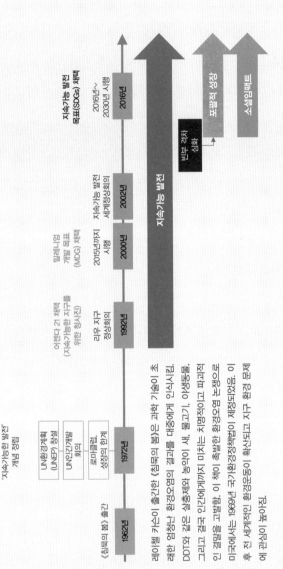

'지속가능한 발전' 개념 정립

	UN환경계획 (UNEP) 창설
	UN인간개발회의
	로마클럽, 성장의 한계

1962년	1972년	1992년	2000년	2002년	2016년
《침묵의 봄》 출간		리우 지구 정상회의	밀레니엄 개발 목표 (MDG) 채택	지속가능 발전 세계정상회의	

아젠다 21 채택 (지속가능한 지구를 위한 청사진)

2015년까지 시행

지속가능 발전

지속가능 발전 목표(SDGs) 채택

2016년~ 2030년 시행

빈부 격차 심화

포괄적 성장

소셜임팩트

레이첼 카슨이 출간한 《침묵의 봄》은 과학 기술이 초래한 엄청난 환경오염의 결과를 대중에게 인식시킴. DDT와 같은 살충제와 농약이 새, 물고기, 야생동물. 그리고 결국 인간에게까지 미치는 치명적이고 파괴적인 결말을 고발함. 이 책이 출발한 환경오염 논쟁으로 미국에서는 1969년 국가환경정책법이 제정되었음. 이후 전 세계적인 환경운동이 확산되고 지구 환경 문제에 관심이 높아짐.

직·기업 등)과 개인의 행동 목표를 '사회개선'에 두려는 행위를 포괄하는 개념으로 제시되고 있다.

2030년까지 추진되는
지속가능 발전 목표

UN을 중심으로 정립된 '지속가능한 발전'은 글로벌 어젠다가 됐고, 국가와 기업이 준수해야 할 지침이 되고 있다. UN은 지속가능한 발전을 위해 2000년부터 시행한 '밀레니엄 개발 목표MDG. Millennium Development Goals'가 2015년에 만료됨에 따라 새롭게 '지속가능 발전 목표SDGs'를 추진하고 있다. MDG는 원칙적으로 모든 국가에 적용됐지만, 실제로 그 목표는 개발도상국에 초점이 맞춰져 있었다. 이에 비해 SDGs는 선진국과 개발도상국, 저개발국을 포함한 모든 국가를 포괄하며 행동 기간은 2030년까지다.

2012년 6월에 열린 '리우+20 회의'에서는 2015년 이후 글로벌 개발체제에 대해 합의하고, 열일곱 가지 새로운 목표 또는 글로벌 우선순위인 SDGs를 도출했다. 가장 주목되는 지점은 기존의 환경 보존에 중점을 두면서도 사회문제 해결(빈곤·교육·보건·사회보장·고용기회 등을 포함한 인간의 사회적 욕구)을 핵심 목표로 삼고 있다는 점이다. 소셜임팩트가 말하는 사회개선과 정확히 일치한다.

SDGs, 지속가능한 발전을 위한 열일곱 가지 목표

영역	내용	목표
사회 발전	빈곤퇴치 및 불평등 해소를 통한 인간의 존엄성 회복	① 빈곤 퇴치 ② 기아 종식 ③ 건강과 웰빙 증진 ④ 양질의 교육 보장 ⑤ 양성평등 ⑥ 물과 위생 관리
경제 성장	무분별한 개발을 통한 경제 규모의 양적 성장이 아닌, 모든 사람에게 양질의 일자리를 제공하고 이를 통해 적절한 수준의 생계를 유지할 수 있도록 포괄적인 경제 환경과 지속가능한 성장동력 구축	⑦ 깨끗한 에너지로 전환 ⑧ 양질의 일자리와 경제성장 ⑨ 산업혁신과 사회 기반시설 확충 ⑩ 불평등 완화 ⑪ 지속가능한 도시와 공동체
환경 보존	생태계와 환경을 보호하고 지속가능한 지구를 만들기 위한 행동	⑫ 책임감 있는 소비와 생산 ⑬ 기후변화 대응 ⑭ 해양 생태계 자원 보존 ⑮ 육상 생태계 보호·복원 ⑯ 평화와 정의, 포용적 제도 ⑰ SDGs를 위한 글로벌 파트너십 활성화

모두가 떠난 후방은
안전 지역이 아니다

2015년까지 UN의 지휘 아래 대부분 국제기구와 선진 기업들이 '밀레니엄 개발 목표'를 향해 쉼 없이 전진했다. 그리고 이제는 '지속가능 발전 목표'를 향해 2030년까지 더 빠른 속도로 전진하고 있다.

기업 환경은 빠르게 바뀌었다. 과거와 같은 기업 활동 방식은 더 이상 허용되지 않는다. 존 스컬리John Sculley 애플컴퓨터 전 회장은 극적인 변화를 이렇게 말한다.

> "기업들은 시장의 힘이 생산자에서 소비자로 넘어갔다는 사실을 인식해야 한다. 기업 전략과 관련된 중요한 결정은 이제 기업이 하는 것이 아니고, 소비자들이 한다."

세상이 변하고, 기업 환경이 변했다. 글로벌 기구와 선진 기업들은 MDG라는 중간지대를 지나 SDGs라는 새로운 땅으로 빠르게 달려가고 있다. 그 대열은 점점 길어지고, 달리는 속도는 갈수록 빨라지고 있다.

지금이라도 늦지 않았다. 모두가 떠난 후방은 안전 지역이 아니라 버려진 황무지라는 사실을 직시해야 한다.

3장

백만 번의 지원보다
단 한 번의 직접적인 행동이 낫다

기업의 사회적 책임은 사업상의 결단이다.
좋은 일이어서도 아니고
사람들이 강요해서도 아니다.
우리 사업에 좋기 때문이다.

니얼 피츠제럴드 Niall FitzGerald, 유니레버 전 CEO

소셜임팩트는 특히 비즈니스 영역에서 많이 언급되고 있다. 기업 입장에서 소셜임팩트는 사회문제 자체를 비즈니스 기회로 인식하고, 혁신적인 비즈니스를 통해 사회문제 해결에 기여하는 것을 말한다.

테슬라Tesla는 지구 온난화를 유발하는 탄소배출량 감소라는 사회문제를 비즈니스 기회로 인식하고 전기자동차를 개발해 시장에 성공적으로 안착했다.

다국적 소비재 생활용품 기업 유니레버Unilever는 환경오염 방지라는 사회문제에 주목해 친환경 원료만 사용한다. 또한 한발 더 나아가 비즈니스 목표 자체를 소비자가 일상에서 환경보호를 실천할 기회를 제공하는 것으로 설정하면서 지속적으로 혁신을 추구하고 있다. 2018년에는 구글과 페이스북 등을 상대로 어린이를 보호하지 않으면 광고를 철회하겠다고 공개적으로 경고를 하기도 했다. 악성 콘텐츠를 제대로 거르지 않는 광고 플랫폼에 자사의 광고를 싣지 않겠다는 파격적 행보를 통해 연관 기업까지 사회에 긍정적 기여를 하는지 살펴보겠다는 의지를 드러낸 것이다.

비즈니스 영역의 소셜임팩트 개발 흐름

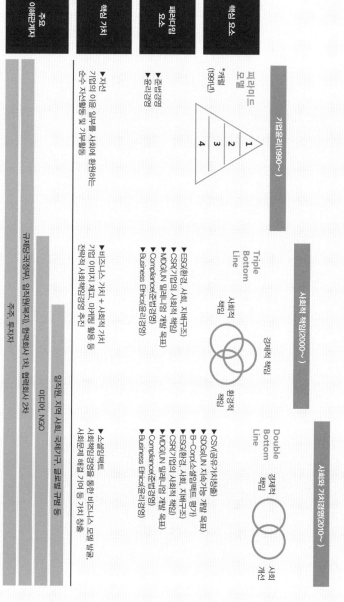

	기업윤리(1990~)	사회적 책임(2000~)	사회와 가치경영(2010~)
핵심 요소	피라미드 모델 *개발(1991년) (1/2/3/4)	Triple Bottom Line (경제적 책임 / 사회적 책임 / 환경적 책임)	Double Bottom Line (경제적 책임 / 사회 개선)
패러다임 요소	준법경영 / 윤리경영	ESG(환경, 사회, 지배구조) / CSR(기업의 사회적 책임) / MDG(UN 밀레니엄 개발 목표) / Compliance(준법경영) / Business Ethics(윤리경영)	CSV(공유가치창출) / SDGs(UN 지속가능 개발 목표) / B-Corp(소셜임팩트 평가) / ESG(환경, 사회, 지배구조) / CSR(기업의 사회적 책임) / MDG(UN 밀레니엄 개발 목표) / Compliance(준법경영) / Business Ethics(윤리경영)
핵심 가치	▼자선 기업의 이윤 일부를 사회에 환원하는 순수 자선활동 및 기부활동	▼비즈니스 가치 + 사회적 가치 기업 이미지 제고, 마케팅 활용 등 전략적 사회책임경영 추진	▼소셜임팩트 사회책임경영을 통한 비즈니스 모델 발굴, 사회문제 해결 기여 등 가치 창출
주요 이해관계자	주주, 투자자	임직원, 지역 사회, 국제기구, 글로벌 규범 등	규제당국(정부), 임직원(복지), 협력회사 1차, 협력회사 2차 / 미디어, NGO

비즈니스 영역에서
소셜임팩트의 흐름

2000년 UN의 '밀레니엄 개발 목표' 시행을 전후로 기업의 사회적 책임CSR, Corporate Social Responsibility이 급격하게 부각됐다. 글로벌 차원에서 CSR이 도입되고, ISO 26000 인증제도(사회적 책임에 대한 국제 표준으로 핵심 주제는 지배구조, 인권, 노동, 환경, 소비자, 공정경쟁, 지역 사회 참여 발전이다)가 추진됐다. 이때부터 기업 역시 지속가능한 발전이라는 개념을 도입해 지속가능 경영을 화두로 삼았으며, 그 흐름이 최근까지 이어지고 있다.

그리고 UN의 새로운 목표인 '지속가능 발전 목표' 채택을 전후하여 소셜임팩트가 사회 전 부문에 파급되면서 기업도 사회개선에 나설 것을 요구하고 있다. 소셜임팩트는 사회를 구성하는 모든 조직과 개인의 행동 목표를 사회개선에 두는 흐름이고, 이에 따라 기업 역시 행동 목표를 사회개선에 둘 것을 요구받고 있는 것이다.

마케팅 측면으로도 사회적 신뢰와 소비가 맞물려 움직이는 상황이기에, 기업은 지속가능 경영 차원에서 소셜임팩트를 핵심 가치로 삼는 흐름이 본격화되고 있다.

가치의 시대를 넘어
목적의 시대가 왔다

기업이 지구적 차원의 환경문제와 인권, 빈부 격차 등 사회문제에 관심을 가져야 한다고 말하던 가치 추구의 시대가 있었다. 환경단체나 인권단체에 기부하는 것으로 기업이 사회적 책임을 다했다고 인정해주던 시대도 있었다.

그러나 이제 소비자는 기업에 그 이상을 요구한다. 환경단체에 기부하는 것이 아니라 환경문제를 직접적으로 해결하기를 원한다. 흑인 등 소수자의 인권보호를 위해 관련 단체를 지원하는 데 그치지 않고 소수자를 적극적으로 채용하라고 말한다. 여성의 지위 향상과 관련 있는 단체에 지원이나 기부를 하는 것이 아니라 기업이 직접 남녀 간의 임금 격차를 줄이고, 임원 중 여성의 비율을 높이라고 주장한다.

방관자처럼 책임을 전가하지 말고 환경문제와 사회문제를 해결하기 위해 직접 나서고, 단순히 가치를 중시하는 데서 한 걸음 더 나아가 가치실현을 위한 행동을 할 것을 요구한다.

비재무적 요소가
기업의 가치를 좌우한다

기업가치를 평가하는 환경에서도 소셜임팩트 흐름은 적극적으로 반영되고 있다. 전통적으로 기업의 가치는 재무적 측면에서 측정 됐지만, 이제는 사회적 측면이 함께 측정된다.

미국의 최장수 비즈니스 잡지인 〈포천Fortune〉은 재무적 측면에 초점을 맞춰 해마다 '500대 기업'을 발표해왔는데, 최근에는 추가로 기업의 사회적 측면까지 포괄한 '존경받는 기업'을 발표하고 있다. 세계 29개국 680여 개 기업을 대상으로 조사 · 분석한 2019년 존경받는 기업 1위는 애플이 차지했다. 2위는 아마존, 3위는 버크셔해서웨이(워런 버핏이 이끄는 다국적 투자 회사)였다.

다우존스는 1999년부터 기업을 단순히 재무적 정보로 파악하는 데서 그치지 않고 시가총액 기준 전 세계 상위 2,500개 기업을 대상으로 지배구조, 사회 공헌도 등을 토대로 경영성을 평가해 지속가능경영지수DJSI, Dow Jones Sustainability Indices를 매년 발표하며 우량 기업을 선정해왔다. 또한 무디스Moody's, 스탠더드앤푸어스S&P, Standard & Poor's 등 주요 글로벌 기업 신용평가사 역시 기업 신용평가에 비재무적 요소를 적극적으로 고려하고 있다.

EU는 더 엄격한데, 2017년부터 EU 지역 내의 종업원 500명 이상 기업에 대해서 비재무정보 공시를 의무화하고 있다. 비재무정보에는 환경 · 종업원 · 인권 · 반부패 등 다양한 항목이 포함되어 있고, 각각의 위험과 그에 대응하는 정책 등을 포괄적으로 보고토록 규정되어 있다.

신뢰도를 더해가는 기업 가치 평가 방식, 비콥 인증

최근 들어 국제 사회에서는 비콥B-Corp 인증이 주목받고 있으며, 점점 그 영향력을 확대하고 있다. 비콥 인증 역시 비재무적 요인에 집중해 기업의 가치를 평가하는 것으로, 이 인증을 받으면 전 세계

비콥 인증의 핵심 요인과 기본 내용

비콥 인증 시 핵심 요인	내 용
비즈니스 모델	사회 환경적 영향력을 경영의 주요한 원칙으로 삼는지를 평가
환경	기업의 제품과 서비스가 환경을 보존하고 환경문제를 해결하는 데 기여하는지를 파악하여 기업의 환경적 성과 판단
기업 구성원 (근로자)	기업이 근로자들에게 어떤 혜택을 주는지를 파악하고, 기업문화 · 안전관리 등 전반적인 작업 환경 평가
커뮤니티	지역 사회에 미치는 기업의 영향력, 공급처와의 관계와 그 다양성, 지역 사회와의 연계, 서비스 및 자선기부와 관련된 기업의 정책과 실천 평가
기업 운영체제	기업의 핵심 미션과 기업 경영 전반의 투명성 평가

적으로 '공익성이 검증된 기업'으로 인정받는다.

비콥 인증은 회사의 이익이 아니라 소비자와 직원, 지역 사회 등 모든 이해관계자의 이익을 투명하게 추구하는 기업에 주는 인증제도다. 인증기관은 B 랩B-LAB으로 록펠러재단이 2006년에 설립했다. 현재 비콥은 국제 사회의 인정을 받으며 객관성을 확립했고 이를 통해 전 세계 투자자와 소비자, 기업들로부터 신뢰를 얻고 있다.

비재무적 요소를 강화할 때 기업 입장에서는 단기 이익을 환원하거나 유보해야 하는 결단이 필요하다. 환경, 직원 인권, 반부패 같은 문제들에서 좋은 기업이 되고 사회개선에 기여하고자 할 때 기존에 없던 비용이 발생한다. 그럼에도 기업들이 비재무적 요소에 주목하는 것은 장기적 관점의 이익 때문이다. 지속가능한 발전에 동참하지 않을 때 발생하는 장기적 손실이 더 크다는 점을 인식할 때 기업의 비재무적 요소 강화는 필수적인 생존 전략이 된다.

당신이 모른다고
세상이 멈춰 있는 것은 아니다

4차 산업혁명이 본격화되면서 모든 기업이 '혁신'의 가치를 높이 들고 앞다퉈 뛰어가고 있다. 제품개발부터 조직운영, 고객 서비스 등 모든 면에서 혁신은 핵심 가치다. 그리고 빅데이터, 인공지능,

사물인터넷 등 신기술을 가득 채우고 있다. 새롭게 펼쳐지는 경쟁 환경에 대응하기 위한 치열한 생존전략이다.

그러나 기업은 또 하나의 거대한 변화가 전 지구적으로 불어닥치고 있다는 사실을 잘 모른다. 비즈니스 내적인 문제에는 예민하지만, 비즈니스 외적인 문제는 교양 수준에서 바라보던 관성이 남아 있기 때문이다.

4차 산업혁명이 내부의 거대한 변화라면, 소셜임팩트는 외부에서 벌어지는 거대한 변화다. 더군다나 소셜임팩트는 사회와 비즈니스 간의 굳건했던 장벽을 부서뜨리면서 비즈니스 지형 자체를 뒤흔들고 있어 4차 산업혁명보다 더욱 근본적인 변화다.

사회문제에 대한 관심은 교양이 아니라 기업의 존립 자체를 결정짓는 핵심 정보다. 형태와 관계없이 비즈니스를 하는 사람 모두가 4차 산업혁명은 물론 소셜임팩트에 적극적으로 대응해야 하는 이유다.

2부
관점

아는 만큼 보이는 미래

1장

주류가 된 비재무적 평가

미래는 주류가 아닌 비주류를 통해 시작된다.
전례 없는 변화가 끝없이 일어나는 오늘날,
창조적 파괴로부터 자신을 보호하는
유일한 방법은
스스로를 파괴하는 것이다.

게리 하멜Gary Hamel, 미국 경영 컨설턴트

전통적으로 기업의 가치는 비즈니스 측면, 즉 재무적 요인으로 측정되어왔다. 매출과 순이익 등에서 높은 성과를 내는 기업이 우수한 기업이고, 그렇지 않은 기업은 뒤떨어진 기업으로 평가받았다.

그러나 비즈니스와 사회문제가 섞이면서 재무적 평가 외에 한 가지 평가척도가 추가됐다. '비재무적 요인'이라고 말하는 것으로, 그 대부분은 기업이 사회에 미치는 '긍정적 영향'이 어느 정도인가 하는 것이다. 환경문제와 사회문제를 해결하기 위해 기업이 어느 정도 활동을 하는지, 어떤 긍정적 성과를 내고 있는지 다양한 측면에서 평가한다.

특히 대중과 소비자들은 비재무적 평가에 민감하다. 그간 부차적으로 여겨졌고 무시해도 그만이었던 비재무적 평가가 주류가 된 것도 대중과 소비자들의 넘치는 관심 때문이다.

정보 공백의
위험성

상당수 CEO는 자신들 기업의 미래를 걱정하고 우려한다. 그러나 정보 없는 걱정은 조바심을 낳고, 데이터 없는 우려는 잘못된 결정을 초래한다.

정말로 소비자들이 당신 기업을 싫어할까? 만들어진 환상이거나 거품이 섞여 있는 것은 아닐까? 그럴 가능성도 충분히 있다. 물론 반대의 가정도 할 수 있다. 소비자들이 당신 기업을 좋아한다고 말이다. 어찌 됐든, 걱정과 우려 속에 우물쭈물하기보다 객관적인 정보를 획득하는 것이 현명하다. 수많은 소비자의 생각이 모여 만들어지는 한국 사회의 흐름에 대한 정보를 획득해야 한다.

이런 정보는 마케팅 조사로 취득할 수 없다. 마케팅 조사는 기업/브랜드에 대한 소비자의 태도를 미시적으로 파악할 수 있다는 장점이 분명히 있다. 당장 소비자의 마음을 붙잡고, 경쟁 현황을 파악하고, 매출을 올리는 데 적절하다.

그러나 소비자들이 왜 그렇게 행동하고, 앞으로 어떻게 행동할 것인지는 파악하기 어렵다. 미래 소비자들의 마음을 읽고, 기업의 지속가능성을 위한 전략 방향을 결정하기 위해서는 거시적 정보가 필요하다. 그 대부분의 정보가 비재무적 측면에 대한 국민의식에 있다.

만약 당신의 기업이 한국 사회의 흐름과 조응하고 있다면 안심해도 좋다. 소비자들의 지지 속에 기업이 지속가능성을 확보할 수 있을 것이다. 그러나 걱정했던 것처럼 어긋나 있다면, 어떤 부분에서 문제가 발생하는지 정확히 알아야 한다. 뜻밖에 심각한 상황일 수도 있고, 사소한 문제일 수도 있다. 기업의 지속가능성을 원한다면 비재무적 요인에 대한 정보를 충분히 이해해야만 한다.

기업의 미래는 아는 만큼 보인다.

대한민국 국민 87퍼센트는 비재무적 평가를 지지한다

우리나라 국민은 기업을 평가할 때 비재무적 평가를 병행하는 것에 대해 매우 긍정적으로 생각하고 있다. 리서치 회사 입소스코리아Ipsos Korea의 조사 결과 87.3퍼센트의 국민이 비재무적 평가에 대해 '바람직하다'고 응답했다.

기업을 바라보는 우리나라 국민의 시각은 이미 전통적인 시각에서 벗어나 있다. 이제 기업의 목적에 대해 과거와 같이 '이윤 추구'라고 말하는 것은 시대에 뒤떨어지는 것은 물론 국민의식에도 맞지 않는다.

'소셜임팩트 국민의식 및 사회적 신뢰 브랜드' 조사 개요

– 설계 및 분석: 한국경제신문, 입소스코리아 / 조사 실행: 피앰아이(PMI)
– 조사 대상: 만 15∼64세 남녀
– 조사 방법: 피앰아이 온라인 패널을 활용한 온라인 조사
– 표본 크기: 전국 1만 명(산업 카테고리별 평균 2,000명 표본)
– 오차 한계: ± 2.2%p
– 조사 시점: 2019년 7월 3일∼17일(14일간)

※ 설문 문항: 최근 기업을 평가할 때 재무적 측면 외에 비재무적 측면에 대한 평
가가 함께 이뤄지고 있습니다. 기업의 비재무적 평가는 환경문제와 사회문제
해결을 위한 활동에 중점을 둡니다. 선생님께서는 이런 흐름에 대해 어떻게 생
각하세요?

[조사 결과] 기업평가 시 비재무적 평가를 병행하는 것에 대해 87.3퍼센트의 국민
이 바람직하다고 생각함.

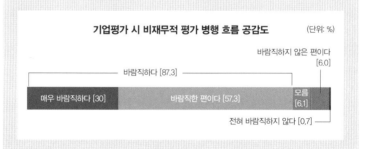

기업평가 시 비재무적 평가 병행 흐름 공감도　　(단위: %)

바람직하지 않은 편이다
[6.0]

바람직하다 [87.3]

| 매우 바람직하다 [30] | 바람직한 편이다 [57.3] | 모름 [6.1] |

전혀 바람직하지 않다 [0.7]

국민은 기업에 사회공헌 활동보다 사회윤리 준수를 원한다

그렇다면 우리나라 국민은 기업의 비재무적 평가와 관련된 이슈 중에서도 어떤 것에 관심이 많을까?

조사 결과, '기업윤리' 관련 이슈에 많은 관심을 보였다. 즉, '부패·비리 척결 및 방지'와 '사회윤리에 반하는 행위 금지'가 86.0퍼센트로 응답률이 가장 높았다.

기업윤리에 관심이 많은 것은 선진국에서 극복된 기업윤리 문제가 한국에서는 여전히 중요한 해결 과제로 남아 있기 때문으로 분석된다.

기업윤리 문제는 글로벌 차원에서 이미 1990년에 기업이 해결해야 할 핵심 과제로 제시됐고 상당 부분 극복됐지만, 한국에서는 크게 개선되지 못했다. 한국을 대표하는 기업인 삼성전자 이재용 부회장의 승계 문제를 비롯해 기업의 비윤리적 문제가 여전히 언론에 보도되면서 국민들 역시 이런 문제에 예민하게 반응하고 있다.

흥미롭게도, 우리나라 대다수 기업이 활발히 추진하고 있는 취약계층 지원이나 장학사업 등 사회공헌 활동에 대한 관심은 상대적으로 낮게 나타났다. 기업은 막대한 예산을 쏟아붓고 있지만, 정작 국민들은 사회공헌 활동보다 윤리 문제에 관심을 갖고 있음을

※ 설문 문항: 다음은 기업의 비재무적 측면을 평가하는 항목들입니다. 선생님께 서는 각각의 항목에 대해 평소 어느 정도 관심이 있으세요?

[조사 결과] 부패·비리 척결, 사회윤리 준수 등 기업의 도덕적 측면의 관심은 높은 반면, 대다수 기업이 활발히 추진하고 있는 취약계층 지원·장학사업 등 사회 공헌 활동에 대해서는 상대적으로 관심이 낮음.

비재무적 측면 항목별 관심도 (단위: %)

부패·비리척결 및 방지	86.0
사회윤리 반하는 행위 금지	86.0
불공정거래행위 금지	85.4
성희롱·성차별 금지	82.3
대기오염 등 환경 문제 해결	82.3
일회용품 등 쓰레기 문제 해결	80.6
지배구조 개선 등 투명 경영 강화	78.6
취약계층 지원 등 사회공헌 활동	74.8
혁신·창의적 기업문화 구축	73.2

보여준다. 기업에서는 현재 진행하고 있는 사회공헌 활동이 의도한 성과를 얻고 있는지 냉정하게 평가해볼 일이다.

우리나라 국민의
'기업인'에 대한 인식

기업윤리 문제는 우리나라 국민의 '기업인(비즈니스 리더)'에 대한 부정적 인식에서도 재차 확인된다. 입소스 글로벌IPSOS Global 조사 결과 한국 국민은 조사 대상 23개국 중에서 기업인에 대해 매우 부정적 태도를 보였다. 기업인을 '신뢰할 수 있다'라는 응답은 12퍼센트에 그치고, '신뢰할 수 없다'라는 응답이 42퍼센트로 매우 비판적이었다.

사회공헌 활동에 대한 낮은 관심도는 '도덕경영' 또는 '윤리경영'을 하지 않은 채 이른바 '생색내기식' 활동을 하는 것에 대한 비판의식으로 풀이된다.

나이가 많을수록, 여성일수록
관심 높다

기업의 비재무적 이슈에 대한 관심도는 나이가 많을수록 높았고, 남성보다 여성이 더 높았다.

일반적으로 기업의 비재무적 이슈에 대한 관심은 젊은 층에서 높다고 이야기됐지만, 실제 조사 결과는 나이가 많을수록 더 높았다. 특히 남자 20대의 경우 비재무적 이슈에 대한 관심이 다른 성

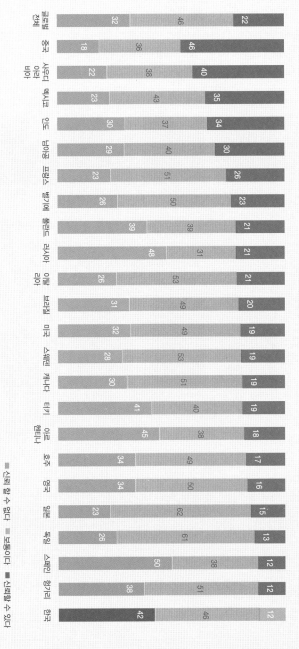

'기업인' 글로벌 신뢰도 조사

(단위: %)

| | 신뢰할 수 없다 | 보통이다 | 신뢰할 수 있다 |

글로벌 전체: 32 / 46 / 22
중국: 18 / 36 / 46
사우디아라비아: 22 / 38 / 40
멕시코: 23 / 43 / 35
인도: 30 / 37 / 34
남아공: 29 / 40 / 30
프랑스: 23 / 51 / 26
벨기에: 26 / 50 / 23
폴란드: 39 / 39 / 21
러시아: 48 / 31 / 21
이탈리아: 26 / 53 / 21
브라질: 31 / 49 / 20
미국: 32 / 49 / 19
스웨덴: 28 / 53 / 19
캐나다: 30 / 51 / 19
터키: 41 / 40 / 19
아르헨티나: 45 / 38 / 18
호주: 34 / 49 / 17
영국: 34 / 50 / 16
일본: 23 / 62 / 15
독일: 26 / 61 / 13
스페인: 50 / 38 / 12
헝가리: 38 / 51 / 12
한국: 42 / 46 / 12

자료: 입소스 글로벌, 2018년 10월 조사

성별 · 연령별 비재무적 이슈 관심도

(단위: %)

남자 연령별 비재무적 이슈 관심도

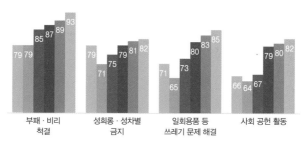

■ 남자 10대　■ 남자 20대　■ 남자 30대　■ 남자 40대　■ 남자 50대　■ 남자 60대

여자 연령별 비재무적 이슈 관심도

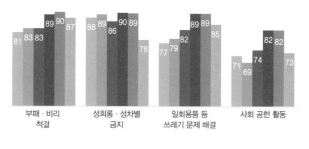

■ 여자 10대　■ 여자 20대　■ 여자 30대　■ 여자 40대　■ 여자 50대　■ 여자 60대

별/연령대에 비해 상대적으로 낮게 나타났다.

　사회문제는 필연적으로 정치와 긴밀하게 연결되어 있다. 결국 정치 문제에 대한 청년층의 상대적으로 낮은 관심도가 기업의 비재무적 이슈에 대한 낮은 관심도로 귀결된 것으로 분석된다.

　성희롱 · 성차별 금지에 대해서는 예상대로 남성에 비해 여성의 관심도가 월등히 높았다. 전 세계적인 '미투#MeToo' 열풍 속에서 우리나라에서도 2018년 한 해 동안 미투 바람이 거세게 불었다. 정치·문화예술·영화·체육계 등 곳곳에서 미투가 속출하면서 성희롱·성차별 문제가 큰 이슈가 됐는데, 그 영향이 큰 것으로 보인다. 2020년에도 성희롱·성차별 금지 이슈는 여성을 중심으로 매우 강력한 흐름을 보일 것으로 전망된다.

2장

빠르게 변하는 소비자

브랜드란 우리가 고객에게
말하는 것이 아니다.
고객이 서로에게 말하는 것이다.

스콧 데이비드 쿡Scott David Cook, 이베이 이사 우리나라에서 기업, 특히 대기업에 대한 국민적 불만은 오래전부터 존재했다. '정경유착'으로 대표되는 기업의 탈법과 비리가 언론에 끊임없이 보도됐고, '경영권 승계'를 둘러싼 각종 편법과 비상식적인 행위가 반복됐다. 재벌 2세와 3세들의 몰상식한 탈선도 심심찮게 발생했다. 하지만 국민적 불만과 소비행태가 따로 움직이면서 기업의 매출에는 별다른 영향을 미치지 않았다.

그런데 이제 비즈니스와 사회문제 사이에 굳건히 서 있던 거대한 벽이 무너지면서 국민적 불만이 즉각적인 소비행태로 이어지고 있다. 기업에 대해 정보를 교환하고 문제점을 공유하면서 매일매일 소비를 통해 기업을 평가한다. 문제가 있는 기업의 제품은 사지 않고(보이콧boycott), 착한 기업의 제품은 적극적으로 구매한다(바이콧buycott).

이제 기업/브랜드에 대한 평판은 기업을 통해 만들어지지 않는다. 소비자와 소비자 사이에서 만들어진다.

소비자, 능동적 소비로
기업평가에 나서다

우리나라 국민은 기업을 평가할 때 비재무적 측면을 평가하는 것
이 바람직하다고 생각한다. 이런 생각이 생각으로만 그칠까, 아니
면 실제 소비로까지 이어질까?

　입소스의 조사 결과를 보면 국민들은 제품을 구매할 때 기업의
사회적 평판 등에 영향을 받고 있다. 그 비중도 82.8퍼센트로 압
도적이다. 우리나라 국민은 매 순간 능동적 소비로 기업/브랜드를

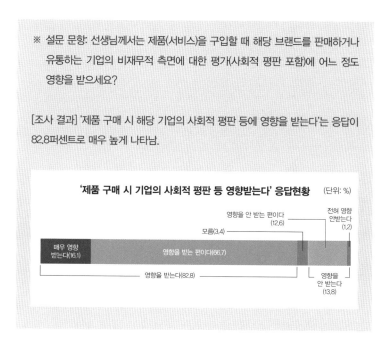

※ 설문 문항: 선생님께서는 제품(서비스)을 구입할 때 해당 브랜드를 판매하거나
　유통하는 기업의 비재무적 측면에 대한 평가(사회적 평판 포함)에 어느 정도
　영향을 받으세요?

[조사 결과] '제품 구매 시 해당 기업의 사회적 평판 등에 영향을 받는다'는 응답이
82.8퍼센트로 매우 높게 나타남.

'제품 구매 시 기업의 사회적 평판 등 영향받는다' 응답현황　(단위: %)

영향을 안 받는 편이다 (12.6)
전혀 영향 안받는다 (1.2)
모름(3.4)
매우 영향 받는다(16.1)
영향을 받는 편이다(66.7)
영향을 받는다(82.8)
영향을 안 받는다 (13.8)

평가하고 있는 것이다. 소셜임팩트, 즉 '비즈니스와 사회문제의 결합'이라는 트렌드가 한국 사회에서도 매우 뚜렷하게 나타나는 것으로 분석된다.

물론 기업의 사회적 평판에 '영향을 받는다'는 응답 82퍼센트를 액면 그대로 해석하고 받아들일 수는 없다. 실제 이렇게 응답한 사람들 중 상당수는 매일 매일의 소비, 구매행동에서 기업의 사회적 평판 같은 것은 경시하거나 외면할 가능성이 많다. 그뿐만이 아니라 구매라는 행동 속에는 기업의 사회적 평판보다 더 중요하게 고려해야 하는 변수들이 다양하게 개입한다. 개인의 취향에 너무 잘 맞거나, 누구나 소유하고 싶은 트렌드 마크가 된 제품이거나, 가성비가 너무 뛰어나거나 등이다. 그럴 때 소비자들은 쉽게 기업의 사회적 평판을 뒤로하고 다른 이유로 소비를 한다.

생각과 행동 사이에는 분명히 차이가 존재한다. 하지만 많은 사람이 기업의 사회적 평판과 제품 구매가 '영향을 받거나 주어야 하는 이슈'라고 생각할 때 실제 행동으로 이어지는 비율도 높아질 것이다. 2019년 현재 80퍼센트가 넘는 한국 소비자가 사회적 평판을 고려해가면서 구매를 하고 있지는 않더라도 말이다.

'제품/서비스 구매 시 기업의 사회적 평판 등에 영향받는다'라고 응답한 비율을 성별·연령별로 살펴보면, 여성은 20~50대가 높았고, 남성은 30~50대에서 높게 나타났다. 같은 연령대의 남녀를 비교하면, 60대를 제외하고 전 연령대에서 남성보다 여성이 더

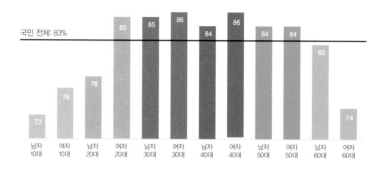

성별 · 연령별 '제품 구매 시 기업의 사회적 평판 등 영향받는다' 비율 (단위: %)

국민 전체: 83%

남자 10대	여자 10대	남자 20대	여자 20대	남자 30대	여자 30대	남자 40대	여자 40대	남자 50대	여자 50대	남자 60대	여자 60대
73	76	78	85	85	86	84	86	84	84	82	74

높았다.

특히 20대 남녀에서 차이가 매우 큰 것이 특징적이다. '젠지 Generation Z', 즉 Z세대가 새로운 소비 트렌드를 만들고 있다는 주장은 남녀 전체가 아니라 주로 여성에 해당하는 것으로 보인다. 기업 입장에서 타깃을 선정할 때 '연령별' 접근에서 '성별 · 연령별' 접근으로 전환할 필요가 있다.

느리게 대응하는 기업, 커지는 리스크

우리나라 국민은 비재무적 이슈에 관심이 높고 구매 시에도 큰 영향을 받지만, 기업/브랜드에 대한 신뢰도는 낮은 수준에 머무르고 있다.

※ 설문 문항: 선생님께서 평소 사회적 평가가 높아서 신뢰하는 기업/브랜드의 경우, 다음 내용에 대해 어떻게 생각하세요?

[조사 결과] '평소 사회적 평가가 높아 신뢰하는 기업/브랜드'에 대한 개별 질문에 긍정적 응답과 부정적 응답이 혼재됨.

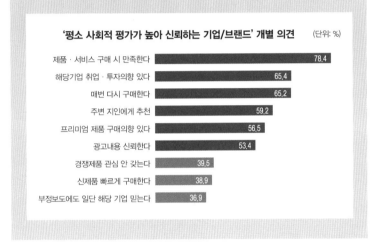

'평소 사회적 평가가 높아 신뢰하는 기업/브랜드' 개별 의견 (단위: %)

항목	비율
제품 · 서비스 구매 시 만족한다	78.4
해당기업 취업 · 투자의향 있다	65.4
매번 다시 구매한다	65.2
주변 지인에게 추천	59.2
프리미엄 제품 구매의향 있다	56.5
광고내용 신뢰한다	53.4
경쟁제품 관심 안 갖는다	39.5
신제품 빠르게 구매한다	38.9
부정보도에도 일단 해당 기업 믿는다	36.9

'평소 사회적 평가가 높아 신뢰하는 기업/브랜드'에 대한 개별 질문에 여섯 가지 항목에서는 긍정적 의견을 보였지만, 세 가지 항목에서는 매우 부정적 의견을 표시했다.

부정적 의견을 보인(긍정 비율이 낮은) 항목 중에서 가장 비판적인 항목을 살펴보자. 국민들은 평소에 신뢰하는 기업/브랜드라고 하더라도 부정적인 보도가 이뤄지면 즉각 신뢰를 철회한다. 부정적인 보도를 접하고도 일단 해당 기업을 믿는다는 국민은 36.9퍼센트로 낮은 수준이다.

　이런 이유는 기업/브랜드에 대한 신뢰 기반이 취약하기 때문이다. 소비자는 능동적 소비로 기업평가에 나서고 있지만 기업은 과거 방식을 고수하고 있다. 문제가 발생해 언론에 보도된 이후에야 사태를 수습하려 한다. 하지만 요즘은 과거처럼 시간이 흐른다고 문제가 묻히거나 잊히지 않는다. 온라인상에서 끊임없이 확대 재생산되고, 전 세계적인 네트워크에 기록된 정보는 영원히 전해진다.

　빠르게 변하는 소비자와 대비되는 기업의 느린 변화가 리스크를 급격히 키우고 있다. 변하지 않는 기업은 단 한 번의 언론 보도로도 치명적인 상처를 입고 무너져 내릴 것이다. 퇴출당한 옥시와 좀처럼 반등하지 못하는 대한항공의 사례는 남의 일이 아니다. 지금 이 순간에도 리스크가 기하급수적으로 커지고 있다는 점을 직시해야 한다.

여성 10~30대,
즉각적인 '보이콧' 의지 충만

기업/브랜드에 대한 신뢰도는 특히 여성 10~30대에서 낮게 나타났다. 부정적 응답(공감도가 낮은)을 성별·연령별로 살펴보면 전반적으로 남녀 간, 연령 간 차이가 거의 없다. 그러나 '부정보도에도 일단 해당 기업 믿는다'라는 항목에서는 여성 10~30대의 공감도

성별 · 연령별 신뢰 기업/브랜드 주장 공감도

(단위: %)

남자 연령별 평소 신뢰 기업/브랜드 주장 공감도

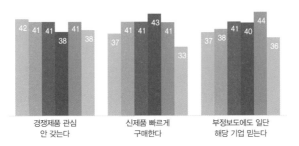

경쟁제품 관심 안 갖는다 · 신제품 빠르게 구매한다 · 부정보도에도 일단 해당 기업 믿는다

■ 남자 10대 ■ 남자 20대 ■ 남자 30대 ■ 남자 40대 ■ 남자 50대 ■ 남자 60대

여자 연령별 평소 신뢰 기업/브랜드 주장 공감도

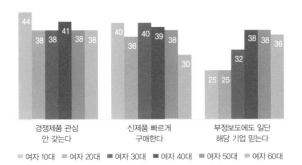

경쟁제품 관심 안 갖는다 · 신제품 빠르게 구매한다 · 부정보도에도 일단 해당 기업 믿는다

■ 여자 10대 ■ 여자 20대 ■ 여자 30대 ■ 여자 40대 ■ 여자 50대 ■ 여자 60대

가 낮은 특징을 보인다. 이들 여성 10~30대는 부정보도가 나올 경우 즉각적인 '보이콧'을 실행에 옮길 의지가 충만하다.

당신의 기업/브랜드는 즉각적인 '보이콧'에 충분히 대비되어 있는가? 과거를 그리워하고 추억하는 패배자가 되기보다 미래를 바라보며 변화하는 승리자가 되기를 바란다.

3장

누가 소셜임팩트를 주도하는가?

항의하는 사람은 하찮은 것을 가지고
흠잡는 사람이 아니다.
오히려 구매자들을 대표하는,
보다 광범위한 표본이 되는 사람이다.

아서 베스트 Arthur Best, 덴버대 법학 교수

한국 사회에서도 전통적으로 분리되어 있던 비즈니스와 사회문제가 결합하고, 사회문제가 비즈니스에 직접적인 영향을 미치고 있다는 점은 조사 결과로 충분히 확인된다.

그렇다면 이런 소셜임팩트 흐름은 전 국민에게 똑같이 영향을 줄까? 아니면 특정한 사람들에게만 제한적인 영향을 미칠까? 만약 특정한 사람들에게만 영향을 미친다면, 소셜임팩트가 비즈니스에 미치는 영향력이 아직 미미한 것이 아닐까?

우리 역시 이런 궁금증 속에 소비자를 세부적으로 분석해봤다.

비즈니스의 미래가 궁금하다면
소셜임팩트 주도층을 주목하라

입소스 조사 결과를 토대로 소셜임팩트를 주도하는 힘에 따라 소비자를 분류한 결과는 흥미로웠다.

유형화 결과 '소셜임팩트 주도층(기업의 사회책임 고 관심층)'은 34.3퍼센트로, 양적으로 규모가 크진 않았다. 그러나 이들의 계층

기업의 사회책임 저 관심층	기업의 사회책임 중 관심층	기업의 사회책임 고 관심층
소셜임팩트 소극층	소셜임팩트 중간층	소셜임팩트 주도층

소셜임팩트 소극층 (27%)	소셜임팩트 중간층 (39%)	소셜임팩트 주도층 (34%)
영남권(TK)	중부권 / 호남권 동남권(부산/경남) / 기타(강원)	수도권
남자 10대 / 남자 20대	남자 30대 / 남자 60대	남자 40대 / 남자 50대
여자 60대	여자 10대 / 여자 20대	여자 30대 / 여자 40대 여자 50대
	고졸 미만 / 전문대 졸	4년제 대졸 / 대학원 졸업 이상
농림어업 / 블루칼라	자영업 / 학생	화이트칼라 / 주부
300만 원 미만	300~500만 원 미만	500만 원 이상

적 특성을 볼 때 질적으로 매우 중요한 사람들이었다. 소셜임팩트 주도층은 △ 수도권 △ 남자 40, 50대 △ 여자 30, 40, 50대 △ 대졸 이상 고학력 △ 화이트칼라, 주부 △ 월 500만 원 이상 고소득층에 집중되어 있다.

이들은 활발한 경제활동을 하고 있고, 제품 구매력도 높아 마케팅 측면에서 매우 중요한 계층이다. 이들을 빼놓고 기업이 마케팅 전략을 수립한다는 것은 상상할 수 없을 것이다.

소셜임팩트 주도층은 비즈니스와 사회문제 사이에 세워져 있던 군건한 벽을 부서뜨릴 수 있는 충분한 힘을 갖고 있다. 이들은 기업의 사회책임과 관련된 소비를 주도하고 있으며, 앞으로도 민감하게 반응할 것이다.

소셜임팩트 주도층,
까다로워도 한번 믿으면 확실히 믿는다

기업의 사회책임에 대해 높은 관심을 갖고 있는 소셜임팩트 주도
층은 기업/브랜드를 엄격한 기준으로 평가한다. 이들의 높은 평가
기준을 통과하기란 쉽지 않다. 하지만 평가를 통과하고 신뢰를 얻

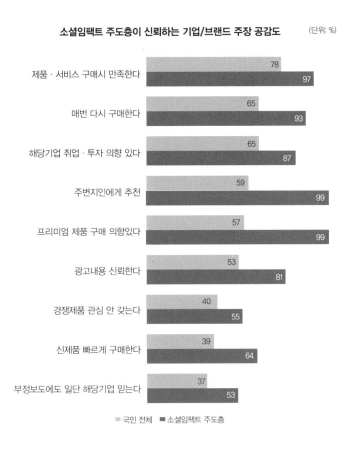

소셜임팩트 주도층이 신뢰하는 기업/브랜드 주장 공감도 (단위: %)

제품 · 서비스 구매시 만족한다 — 78 / 97

매번 다시 구매한다 — 65 / 93

해당기업 취업 · 투자 의향 있다 — 65 / 87

주변지인에게 추천 — 59 / 99

프리미엄 제품 구매 의향있다 — 57 / 99

광고내용 신뢰한다 — 53 / 81

경쟁제품 관심 안 갖는다 — 40 / 55

신제품 빠르게 구매한다 — 39 / 64

부정보도에도 일단 해당기업 믿는다 — 37 / 53

■ 국민 전체 ■ 소셜임팩트 주도층

으면 어떻게 될까?

소셜임팩트 주도층의 특성을 면밀히 살펴본 결과, 이들은 자신이 신뢰하는 기업/브랜드에 대한 충성도가 매우 높은 것으로 나타났다. 소셜임팩트 중간층 및 소극층에 비해 자신이 신뢰하는 기업/브랜드에 대해 매우 긍정적이다. 국민 전체의 의견과 소셜임팩트 주도층의 의견을 비교하면 모든 면에서 국민 전체의 의견보다 강한 신뢰를 보인다.

소셜임팩트 주도층의 지지를 획득했다면, 그 기업/브랜드는 모든 면에서 강력한 마케팅 효과를 누릴 수 있는 잭팟을 터뜨린 셈이다. 소셜임팩트 주도층의 신뢰를 얻는 것, 충분히 매력적이고 가치 있는 도전이다.

모든 산업에 불어닥치는
소셜임팩트 바람

소셜임팩트는 우리 사회에 큰 영향을 줄 뿐 아니라 소비자들의 구매 행동에도 직접적인 영향을 미치고 있다. 그럼 구체적으로 각각의 산업에는 어느 정도 영향을 미치고 있을까?

입소스 조사 결과 소셜임팩트 흐름이 모든 산업에 영향을 미치고 있지만, 그 강도는 다르게 나타났다. 소셜임팩트 주도층의 비중이 높은 산업군은 방송통신, 명품의류잡화, 자동차/유류 분야였다.

주 구매층 산업군별 소비자 유형 비중

(단위: %)

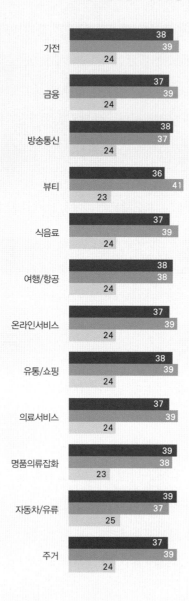

산업군	소셜임팩트 주도층	소셜임팩트 중간층	소셜임팩트 소극층
가전	38	39	24
금융	37	39	24
방송통신	38	37	24
뷰티	36	41	23
식음료	37	39	24
여행/항공	38	38	24
온라인서비스	37	39	24
유통/쇼핑	38	39	24
의료서비스	37	39	24
명품의류잡화	39	38	23
자동차/유류	39	37	25
주거	37	39	24

■ 소셜임팩트 주도층 ■ 소셜임팩트 중간층 ■ 소셜임팩트 소극층

이들 산업에 속한다면 기업의 사회책임 이슈에 즉각적이고 적극적으로 대응하는 것이 바람직하다.

뷰티를 비롯해 나머지 산업군에서는 소셜임팩트 중간층의 비중이 높지만, 주도층과 격차가 작아 주도층의 영향력을 무시하기 어려운 것으로 보인다. 가전 산업군에서의 격차는 1퍼센트에 불과하고, 여행/항공 산업군에서의 격차는 소수점 이하를 기록하는 등 전반적으로 주도층과 중간층의 비중이 비슷하다.

소셜임팩트 주도층과 중간층 간의 격차가 작은 산업은 머지않아 소셜임팩트의 영향력이 강해질 것이기에, 지금부터 리스크 관리 차원에서 기업의 사회책임 이슈를 다뤄야 할 것이다.

4장

소비자가 아니다, 사회 구성원이다

우리는 사회적·환경적 지속가능성을
혁신의 확실한 경로로 보고 있다.
그것은 우리의 성장 전략에 결정적이다.

마크 파커Mark Parker, 나이키 CEO

기업은 물건과 서비스를 만드는 능동적인 주체다. 이에 반해 소비자는 기업이 만들어놓은 물건 또는 서비스를 사용하는 수동적 객체다. 기업은 소비자를 향해 제품을 홍보하는 다양한 메시지를 발신하고, 소비자는 그 메시지를 수신한다.

기업은 소비자 의견을 중시하면서 다양한 커뮤니케이션 기법을 활용하고 있지만, 소비자라는 전통적인 개념은 바꾸지 않았다. 기업의 관점에서 소비자는 여전히 기업에 비해 수동적이다.

과연 소비자는 아직도 수동적일까?

지구적 차원의 판매와
소비의 시대

하나의 거대한 시장

세계화 시대를 거치면서 지구는 하나의 거대한 시장이 됐다. 정보통신기술의 발달은 국경을 뛰어넘는 판매와 소비를 가능케 하면서 지구적 차원의 시장을 이끌었다.

이제 소비자는 자기 나라에 있는 상품만 보고 구매를 결정하지 않는다. 비슷한 상품은 자기 나라만이 아니라 다른 나라에도 하나 이상 존재한다. 한국에도 수많은 글로벌 기업/브랜드가 들어와 있다. 또한 다양한 직구 열풍 사례에서 보듯 한국에 없는 기업/브랜드 제품은 국경을 뛰어넘어 구매한다.

전 지구적 차원의 판매와 소비의 시대는 소비자의 선택권을 획기적으로 넓혀주었다. 국경에 가로막혀 자기 나라에 있는 상품만을 수동적으로 선택하던 시대는 지나갔다. '애국주의 마케팅'은 과거의 유산일 뿐이다.

가격을 지불할 기업의 평판을 본다

경쟁 브랜드들에 비해 월등한 제품을 갖고 있다면 그 기업은 아직 평판의 힘을 느끼지 못할 것이다. 그러나 넘치는 상품들, 비슷비슷한 상품 속에서 기업/브랜드에 대한 평판은 소비자의 구매에 결정적 영향을 미칠 수 있다. 소비자는 좋은 기업인가, 나쁜 기업인가를 살피면서 상품을 선택한다. 과거에는 무시하더라도 판매에 미치는 영향이 적었던 상품 외적인 요소가 점차 핵심 요소가 되어가고 있다.

소셜임팩트 소비행태는 선진국에서 시작됐지만, 순식간에 전 지구적 차원으로 확산됐다. 한국도 예외가 아니다. 이 소비행태가 추구하는 목적은 지구적 차원에서 동일하다.

예를 들어 기후변화는 모든 국가의 모든 소비자에게 영향을 미치는 강력한 이슈다. 이산화탄소를 배출하는 자동차는 더 이상 설 땅이 없다. 전 세계 대부분의 자동차 제조 회사는 수소·전기자동차 생산에 박차를 가하고 있다. 이제 상품에 대한 선택권은 기업이 아니라 완벽하게 소비자에게 넘어갔다.

기업/브랜드에 대한 세계인의 실시간 평가

전 세계인 중 SNS를 사용하는 비중은 45퍼센트로 약 35억 명에 달한다. 이들 대부분이 모바일 인터넷 사용자다.[1] 세계적 이슈가 거의 실시간으로 35억 명의 손안에서 공유되고 확산된다. 더는 비밀이 존재할 수 없는 시대다.

해고를 자초한 트윗

SNS의 놀라운 위력은 2013년에 벌어진 사건에서 단적으로 드러났다. 미국 인터액티브코퍼레이션IAC의 홍보 담당 이사 저스틴 서코Justine Sacco는 영국 런던에서 남아프리카공화국으로 휴가를 떠나기 직전 트위터를 통해 '아프리카로 여행 간다. 에이즈는 안 걸렸으면 좋겠는데. 그냥 농담이야. 나는 백인이거든'이라는 내용의 트윗을 올렸다.

스마트폰 이용률과 모바일 인터넷 활용 비율

(단위: %)

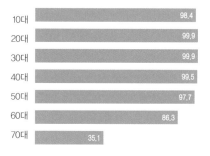

2018년 스마트폰 이용률

10대	98.4
20대	99.9
30대	99.9
40대	99.5
50대	97.7
60대	86.3
70대	35.1

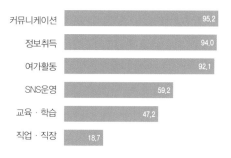

모바일 인터넷 활용 비율

커뮤니케이션	95.2
정보취득	94.0
여가활동	92.1
SNS운영	59.2
교육·학습	47.2
직업·직장	18.7

자료: 한국인터넷진흥원

비행기에 올라 아프리카에서 보낼 휴가를 여유롭게 상상하는 동안 그녀의 글은 3,000회나 리트윗되면서 전 세계로 퍼져나갔다. 인종차별적인 그녀의 글은 SNS에서 뜨거운 논란이 됐다. 아무것도 모른 채 남아공 케이프타운에 도착한 직후 그녀는 회사로부터 해고통지를 받았다.[2]

중국인을 적으로 돌린 창업자의 답변

기업/브랜드에 대한 평가도 마찬가지다. 이탈리아의 패션 브랜드 돌체앤가바나는 2018년 11월 21일, 상하이에서 패션쇼를 개최할 예정이었다. 행사를 홍보하고자 광고 영상을 제작해 인스타그램 등 각종 SNS에 올렸는데, 내용이 문제가 됐다. 화려한 차림의 중국 여성이 등장해 젓가락으로 피자를 먹으려 하지만, 어떻게 먹는지 몰라 당황스러워하는 내용이었다.

SNS에서 이 영상은 이탈리아 음식을 먹을 줄 모르는 동양인 여성에 대한 모욕으로 받아들여졌다. 특히 중국인들은 이 영상을 모욕적으로 받아들였고 격렬하게 항의했다.

인스타그램 다이렉트메시지DM를 통해 항의해온 중국인에게 돌체앤가바나의 공동 창업자 스테파노 가바나Stefano Gabbana는 '중국인들은 무례하고 더럽고 냄새나는 깡패들이다'라고 답장을 보냈다. 사태는 걷잡을 수 없이 커졌다. 장쯔이章子怡, 리빙빙李氷氷, 황샤오밍黃曉明, 천쿤陳坤, 왕쥔카이王俊凱 등 중국 유명 배우와 모델들이 줄줄이 보이콧을 선언했다. 돌체앤가바나가 진화에 나섰지만 결국 패션쇼는 취소됐고, 이 브랜드는 돌이킬 수 없는 타격을 입었다.[3]

불매운동에 기름 부은 유니클로 임원

한국에서도 비슷한 일이 발생했다. 일본의 한국 기업에 대한 수출 규제 조치 이후 '노 재팬No Japan' 운동이 일어났고, 이 운동은 SNS

를 통해 급속도로 확산됐다. 유니클로 역시 보이콧 대상이 되어 매장이 한산했다.

이때 오카자키 다케시岡崎武志 유니클로 CFO(재무책임자)가 "불매운동이 장기간 이어지지는 않을 것이다. 결정적으로 유니클로 실적 전체에 미치는 영향은 크지는 않을 것"이라고 발언해 우리나라 국민의 공분을 샀다.[4] 이 일로 유니클로는 대표적인 보이콧 기업이 돼 매출 급감이라는 대가를 치러야 했다.

이렇듯 기업/브랜드는 전 세계인에게 매 순간 평가를 받는다. 제품은 물론이고 모든 메시지와 행동이 평가 대상이다. 그리고 평가된 내용은 소비자들 사이에서 실시간으로 공유되며 확산된다. 상품에 대한 선택권은 물론 기업에 대한 평가의 주도권 역시 소비자들에게 넘어갔다. 기업은 이제 소비자들 사이에서 이뤄지는 평가에 개입하거나 관여하지 못한다. 기업/브랜드에 대한 평가는 소비자 스스로가 만든 정보로 이뤄지고 있다.

수동적인 소비자에서
능동적인 사회 구성원으로 변모하다

지금까지 이야기한 보이콧 사례의 공통점은 제품 또는 서비스 자체의 문제 때문에 불매 대상이 된 것이 아니라는 점이다. 기업과 기업 구성원의 사회와 관련된 메시지가 문제 되면서 보이콧 대상이 된 것이다. 제품이나 서비스가 완벽하냐 아니냐와는 전혀 무관하다. 즉 제품과 서비스에 대한 불만을 제기하던 '소비자 행동'과는 차원이 다른 새로운 행동이다.

이제 소비자는 더 이상 수동적인 개개인이 아니다. 소비자라는 단어에 담긴 전통적인 정의에서 벗어나 능동적인 사회 구성원으로 거듭났다. 사회 구성원으로서 더 나은 사회를 만들기를 원하고, 행동한다. 그 대상에 기업도 포함된다. 기업도 사회 구성원이기에 사회개선에 책임감을 갖고 나서라고 요구하는 것이다.

탈법·위법은 말한 것도 없고, 차별과 분열을 조장하는 행위 역시 해서는 안 된다. 기후변화에 적극적으로 대응해야 하고, 인권을 보호하는 데 적극적으로 나서야 한다.

최근 OECD는 'B4IGBusiness for Inclusive Growth 이니셔티브'를 통해 '불평등을 줄이고 포괄적인 성장을 이룰 수 있는 비즈니스와 정부 간 협력 모델'을 개발하는 데 주력하고 있다. OECD는 기업이 대응해야 할 사회문제로 다음과 같은 이슈를 제시했다.

1. **기후변화: 탄소, 플라스틱 등 환경오염 상품 생산 금지**
2. **인권: 기업 내 직원뿐만 아니라 사회 구성원 모두의 인권 증진**
3. **포괄적 성장: 성장의 혜택을 공정하게 누릴 수 있는 비즈니스**
4. **지속가능한 공급망: 원재료 단계부터 친환경 생산체계 구축**
5. **여성 권리: 성희롱, 성차별 금지와 여성임원 확대 등 양성평등[5]**

기업이 책임 있는 사회 구성원으로서 사회문제 해결의 주체로 나서지 않는다면 다른 사회 구성원들에게 보이콧당하는 것은 당연하다. 기업은 스스로의 의식 속에서 '소비자'라는 단어를 지워야 하며, 능동적인 사회 구성원들의 요구대로 자신 역시 사회 구성원으로서 사회문제 해결에 나서야 한다. 기업도 사회 구성원이라는 새로운 의식을 머릿속에 새길 때다.

작은 변화는 무시하되, 큰 변화에는 몸을 던져라

우리는 각종 보도를 통해 선진국의 소비행태가 전향적으로 변했다는 소식을 자주 듣는다. 상품을 구매할 때 과거와 달리 상품 자체보다 상품을 만들고 판매하는 기업에 대한 사회적 평판을 중요한 기준으로 삼는다는 내용이 주다. 보도는 대개 한국사회에서도 이러한 변화가 일어날지 주목된다는 투로 끝난다. 마치 한국의 소비자는 상품을 구매할 때 여전히 품질과 서비스를 주요 기준으로 보고 있는 것처럼.

그러나 입소스 조사 결과 이러한 통념은 잘못된 것으로 판명 났다. 한국의 소비자 역시 열 명 중 여덟 명은 상품을 구매할 때 기업에 대한 사회적 평판에 영향을 받고 있다. 사회적으로 신뢰하는 브랜드 지수는 시장 점유율과 다른 수치를 보이고 있다. 한국의 소비자도 변했지만 이러한 지점에 주목한 조사와 연구가 없었을 뿐이라는 것이 조사 결과의 핵심 내용이다. 이미 한국 사회에도 소셜임팩트의 바람은 거세게 불고 있고, 소비자는 변화 의지가 충만하다.

　소비자의 작은 변화는 무시를 해도 기업을 경영하는 데 아무런 문제가 없다. 하지만 그 변화가 대대적인 것이라면 기업도 몸을 바꾸고 정신을 바꿔야 한다. 소비자가 외면하는 기업에 미래가 없다는 것은 상식 중의 상식이다.

SOCIAL IMPACT

3부

변화 1

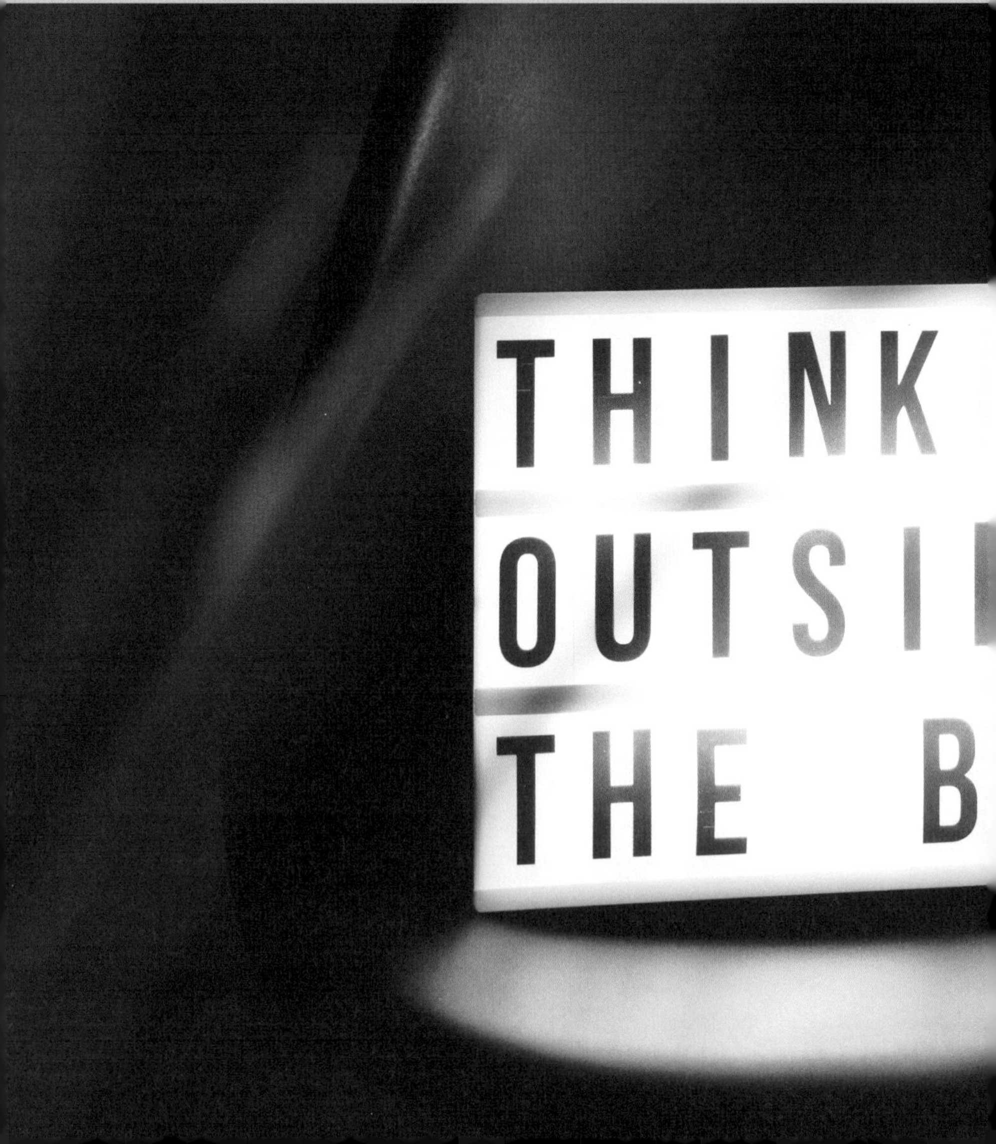

모든 것에 대한
근본적 변화의 시대

1장

이제는 '목적'이다

오늘 나무 그늘에서 쉴 수 있는 이유는
예전에 나무를 심었기 때문이다.

워런 버핏 Warren Buffett, **미국 투자가**

최근 비즈니스 세계에서 새롭고 다양한 개념이 백가쟁명百家爭鳴식으로 제기되고 있다. 가치경영, 사회적 가치 창출, 애자일agile 기법 등 많은 개념이 하루가 멀다고 제안된다. 이는 그만큼 비즈니스 세계가 과거와 다른 매우 낯선 시대에 접어들었다는 방증이다. '비즈니스 활동을 어떻게 전개해야 하는가?'에 대한 모색의 결과다.

하지만 사회와 소비자가 완벽하게 바뀌면서 비즈니스의 토대가 근본적으로 흔들리고 있다는 점을 간과하는 측면이 적지 않다. 사회문제와 동떨어진 나무 그늘에서 성공했던 경영 문법을 그대로 붙든 채 그중 일부를 수정하고 첨삭하는 데 그치고 있다는 우려를 지울 수 없다.

나무 그늘이 있는 것은 나무가 있기 때문이다. 그 나무는 사회 구성원 모두가 심은 것이다. 기업의 혁신적인 경영 기법 이전에, 그늘을 만들어주고 있는 나무의 의의를 정면으로 마주해야 할 때다.

어제까지 비즈니스에 이로움을 준 나무 그늘은 기업이 아닌 사회가 심어준 나무에서 드리워진 것이다.

새로운 질문을 던지는
'낯선 사람들'

"당신 기업은 사회적으로 유익합니까?"

기업의 목적은 이윤을 창출하고, 창출한 이윤을 사회에 환원하는 것이었다. 그런데 지금은 소비자인 듯 아닌 듯 '낯선 사람들'이 생소한 질문을 던지고 있다.

"당신 기업은 더 나은 사회를 만들기 위해 무엇을 하고 있습니까?"

NGO 등 시민단체에나 어울릴 법한 질문을 당당한 표정으로 제기한다. 분명 낯선 상황이다. 그러나 이들은 소비자가 맞다. 과거에 익숙했던 소비자가 아니라 사회 구성원으로서 당당하게 소비에 나서는 새로운 유형의 사람들이라는 차이가 있지만, 기업의 제품과 서비스를 구매하는 소비자가 맞다.

기업에는 '낯선 사람들'로 보이지만, 이들은 우리 사회의 당당한 구성원이다. 그들이 기업을 바라보는 시각이 바뀌었고, 제품을 구매하는 이유가 달라진 것이다. 이 새로운 유형의 소비자들에게 과거로 돌아가 달라고 부탁해봐야 소용이 없다. 격식을 갖추고 정중한 목소리로 부탁한다고 해도, 새로운 경영 기법을 도입하겠다고 약속해도 바뀌는 것은 없다.

너무도 새로워 낯설기만 한 새로운 유형의 소비자들에게 기업이 대답해야 할 차례다. 기업의 설립 목적이 무엇인지, 그리고 사회개선을 위해 무엇을 하고 있는지 정확히 말해야 한다. 소비자들이 만족할 때까지 대답하고 대답해야 한다.

기업의 비즈니스 목적을 당당하게 말할 수 있다면 보이콧을 걱정할 필요가 없다. 오히려 바이콧의 즐거운 폭주를 경험할 것이다.

반대라면? 안타깝지만, 오늘이 아니더라도 머지않은 날에 보이콧을 경험하게 될 것이다.

낡은 지도에는
신대륙이 없다

목적을 재정립해야 한다

지금은 비즈니스의 목적, 기업 활동의 목적을 재정립해야 하는 근본적인 변화의 시대다. 기존의 비즈니스 활동에 무엇을 빼고 무엇을 더할 것인가의 수준이 아니라 토대부터 완전히 새롭게 바꿔야 한다.

비즈니스 목적을 재정립하는 과정은 모든 사람의 가장 근본적인 질문에 대답하는 과정이기도 하다.

1. 왜 우리 비즈니스가 존재해야 하는가?

2. 왜 우리 기업이 필요한가?

3. 사회 전체의 관점에서 우리 비즈니스는 어떤 사회문제 또는 환경문제를 해결하고 있는가?

이것은 마케팅이나 광고 캠페인보다 근원적이고 큰 질문이다. 즉 비즈니스 혁신을 위한 의제다. 다음의 사례를 참고하자.

- **테슬라의 목적: 탄소 에너지에서 탈피하여 기후변화에 대응한다**
- **에어아시아AirAsia의 목적: 소득이 낮은 사람들에게도 여행의 즐거움을 제공한다**

이처럼 목적을 진술하는 것은 기업이 원재료를 어떻게 사용하는지부터 그들이 주도하는 혁신과 제공하는 서비스, 시장에 진출하는 방법에 이르기까지 모든 활동의 지침이 된다. 모든 비즈니스 활동은 목적에 부합해야 한다.

다시 강조하지만, 중요한 것은 사회공헌 활동과 같은 좋은 일을 말하는 것이 아니다. 진정한 목적 중심의 기업은 단지 돈을 기부하는 곳이 아니며, 사회문제나 환경문제를 해결함으로써 수익을 올린다.

목적의 역설

목적 중심의 기업이 이윤만을 추구하는 기업보다 수익성이 높다는 증거가 점점 많아지고 있다. '목적의 역설Paradox of Purpose'이라고 불리는 이런 현상은 앞으로 더욱 심화될 것이다.

진실은 아무것도 하지 않는 것은 선택지가 아니라는 것이다. 소비자들이 점점 더 목적 중심의 브랜드를 선택할 수 있게 되면서, 그렇지 못한 브랜드는 빠르게 사라지고 있다.

비록 성공의 역사가 빼곡히 기록되어 있더라도 낡은 지도에 의지해서는 새로운 대륙으로 전진할 수 없다. 새로운 소비자들이 눈부신 속도로 목적 중심의 신대륙으로 이주하고 있는데도 과거의 길 위에서 서성이는 기업들이 많다. 낡은 지도를 버리고 과감히 신대륙을 찾아 나설 때, 새로운 소비자들을 만날 수 있다.

목적의 시대를 이끄는
선구자들

비즈니스 복석 자체를 재정립해야 한다는 긴급한 필요성에 따라 새로운 접근 방식이 등장하고 있다. 선구적인 기업들은 이전에 시도된 적이 없는 근본적이고 광범위한 수준에서 새로운 방식을 추진하고 있다.

파타고니아가 사업을 하는 이유

기후변화의 위험성이 갈수록 높아지는데도 실질적 행동은 찾아보기 어려운 상황에서 파타고니아Patagonia는 새로운 도전을 시작했다. 지구온난화 현상을 역전시키는 것은 단순히 피해를 완화하는 것이 아니라 실제로 온난화를 뒤집는 것이라고 판단한 것이다.

2019년 초, 파타고니아 설립자 이본 취나드Yvon Chouinard는 전 직원에게 새로운 기업 목적을 선언했다.

"파타고니아는 지구를 구하기 위해 사업을 한다."[1]

파타고니아의 새로운 목적은 회사의 대부분 활동에서 지침이 된다. 예를 들어 직원을 채용할 때의 지침은 이렇다. '지구를 구하기 위해 헌신할 수 있는 사람을 고용한다.' 또한 과학적인 연구 활동을 통해 1993년 플라스틱 빈병을 재활용한 인조 양모를 개발했고, 1996년부터는 100퍼센트 유기농 재배한 면직물로 원재료를 대체했다. 2007년 이후로는 이산화탄소 배출량, 물 사용량 등을 공급망 단계별로 추적해 기록하는 '발자국 기록Footprint Chronicles' 활동도 펼치고 있다.

파타고니아의 '지구 구하기' 사업은 친환경 식품업으로 비즈니스를 확장했다. 무당벌레로 해충을 잡아 재배한 목화로만 옷을 만드는 것처럼 훈제연어와 육포, 맥주도 철저히 친환경으로 만든다.

훈제연어는 회귀하는 연어의 개체 수에 영향을 주지 않는 적정선에서 포획한 것만 사용한다. 육포는 자연의 풀만 먹고 자란 버팔로만 사용하고, 맥주도 비료나 살충제 없이 키운 보리만 이용해 환경오염을 최소화하려 노력한다.[2]

테슬라의 도전

테슬라가 처음 자동차 시장에 진출했을 때 대다수 자동차 제조 업체는 금방 망할 것이라며 비웃었다. 그러나 테슬라는 전기차는 느리다는 편견을 깼고, 자동차의 패러다임을 바꾸면서 시장의 판도를 완벽히 흔들었다.

2014년 6월 12일 테슬라는 전기차 시장을 키우기 위해 보유하고 있는 특허를 모두 무료로 공개하겠다고 발표했다. CEO 일론 머스크Elon Musk는 그 이유를 '테슬라의 기술적 진보도 중요하지만 기존 자동차 업계의 공룡들을 새로운 시장에 뛰어들게 하는 것이 더 중요하기 때문'이라고 밝혔다.

배기가스가 없는 차량을 만든다는 꿈을 현실로 만들어 낸 일론 머스크의 도전은 계속되고 있다. 민간 우주항공 사업체 스페이스X SpaceX의 사업 목표는 '인류의 화성 이주'다. 또 다른 프로젝트 스타링크Starlink는 1만 2,000대의 인공위성을 발사해 초고속 인터넷을 전 세계 어디서나 이용할 수 있게 하려고 한다. 이 프로젝트는 미국 연방통신위원회FCC의 승인을 얻었다. 여러 구설에도 자주 오르

내리지만, 원대한 사업 비전과 이를 이뤄가는 강력한 추진력은 그에게 '미래의 설계자'라는 닉네임을 선사했다.

에어아시아의 성취

저가의 중·장거리 노선을 다양하게 갖추면서 저가항공사의 신화를 써 내려가고 있는 에어아시아의 사명은 '누구나 하늘을 날 수 있게'다. 토니 페르난데스Tony Fernandes 회장은 이런 생각을 영국 유학 시절부터 했다고 한다. 말레이시아 출신인 페르난데스 회장은 인종차별과 낯선 문화 속에서 고향 생각이 간절했지만 비행기 표가 비싸 갈 수가 없었다. 그래서 저가항공사 설립을 꿈꾸었다.

학교를 졸업한 후 워너뮤직Warner Music에서 일하다가 퇴사한 그는 만년 적자였던 에어아시아를 1링깃(약 300원)에 매입했다. 당시 부채 4,000만 링깃(약 120억 원)도 함께 인수했지만 적극적인 저가 영업 전략으로 수십억 달러 가치의 아시아 최대 저가항공사를 만들어냈다.[3]

근본적 변화를 실천하라

목적의 시대를 개척하고 있는 선구자들의 영향력은 막대하다. 새로운 소비자들의 전폭적인 지지 속에 안정적인 수익을 창출하면서 주변 기업들에 '목적의 역설'에 관한 준거 틀이 되고 있다. 목적을 달성하고 비즈니스의 지속가능성을 실현해낸 선구자들을 보면서 전 세계의 다양한 기업이 '목적의 역설'이라는 대열에 합류하고 있다.

스웨덴의 가구회사 이케아는 '한 번 쓰고 버리는 가구'를 판매하는 회사에서 벗어나기 위해 최근 중고가구 사업을 시범적으로 시작했다. 다 쓴 가구를 사들여서 재료를 재활용해 다시 되파는 순환형 친환경 회사로 변모하겠다는 것이다. 중고가구 픽업은 차량공유업체와 파트너십을 맺어 무료로 해준다.

세탁세제 등을 주로 판매하는 P&G는 소비자들이 환경오염을 일으키는 세제 사용을 줄이자 비즈니스를 전환했다. 친환경 세제를 만드는 것에 그치지 않고 세탁부터 건조 전 과정에서 배출되는 오염물질을 최소화한 세탁업으로 비즈니스를 넓혔다. 소비자들이 세탁에 관한 가치 소비를 할 수 있는 '원윈' 비즈니스 모델을 만든 것이다.[4]

근본적인 변화의 시대에 대응하는 방법은 기업이 근본적으로 변하는 것뿐이다.

2장

사회문제를 정면으로 마주하라

사람들은 기업이
사회적·경제적·환경적으로
올바른 일을 하고 있는지,
브랜드의 시민권에 대해 알아내고 싶어 하고
또 알게 될 것이다.

마이크 클래스퍼Mike Clasper, 전 P&G 사장 우리나라 국민 중 기업인을 '신뢰할 수 있다'라고 생각하는 사람은 12퍼센트에 불과하고, '신뢰할 수 없다'라는 사람이 42퍼센트에 달한다(2부 입소스 글로벌 조사 결과 참조). 기업인에 대한 불신이 정치인에 대한 불신과 비슷한 수준이다. 상황이 이렇다 보니 언론에 불미스러운 일이 보도되면, 그 기업은 순식간에 보이콧 대상이 되고 만다.

기업에 대한 신뢰도를 높이는 방안은 단순하다. 도덕적이고, 우리 사회의 문제를 해결하는 데 적극적으로 나서는 것이다. 단순하지만, 그 길을 걸어가는 과정이 쉽지만은 않을 것이다. 낯설고 어색한 길을 걷는 과정에서 실패할 수도 있다. 하지만 국민들은 변하고자 하는 기업의 노력에 박수를 보낼 것이다. 한국 사회에서 흔치 않은 일이기 때문이다.

모든 기업이 되고 싶어 하는
'착한 기업'

2016년, '착한 기업 마케팅' 바람이 불었다. '코즈 마케팅Cause Marketing ('이유, 명분'을 뜻하는 'Cause'와 마케팅의 합성어)'이라는 이름으로 불리기도 하는데, 사회적인 이슈를 기업의 이익 추구에 활용하는 마케팅 기법이다.

코즈 마케팅의 예

도미노피자는 저소득층 공부방 아이들에게 피자를 기부하는 코즈 마케팅을 전개했다. 소비자가 15퍼센트 할인된 가격으로 피자 한 판을 구매하면 반 판을 배달하고 반 판은 기부하게 하는 방식인데 나머지 반 판에 도미노피자가 반 판을 더해 한 판을 기부했다.

한 쇼핑몰에서는 큰 전광판에 실종아동의 성장한 모습을 보여주었다. 성장한 모습을 첨단 기술로 구현해 시민들의 제보를 유도하고자 했다. 현재도 코즈 마케팅은 기업이 자주 활용하는 마케팅 방법이다.

착한 기업 마케팅

기업의 적극적인 마케팅과 별개로 소비자들이 착한 기업을 앞장서서 알려주기도 했다. 포털사이트의 '착한 기업' 연관어를 살펴보면 LG, 교보생명, 유한양행, 동화약품, 오뚜기 등의 이름이 상위권에 노출된다.

이들은 목숨을 걸고 독립운동을 지원했거나 비정규직이 없는 회사다. 또는 소비자를 위해 최근 몇 년간 제품 가격을 올리지 않아 유명해졌다.[5] 기업들이 '착한 기업 마케팅'에 주력하는 이유는 소비자들이 '착한 기업'을 선호하기 때문이다. 우리 사회에 도움이 되는 착한 기업이 만든 제품과 서비스를 선호하는 소비자 니즈를 기업들은 이미 잘 알고 있었다.

진짜 착한 기업

착한 기업 마케팅에 비해 코즈 마케팅의 효과는 기대에 미치지 못했다. 코즈 마케팅을 전개한 기업이 진짜 착한 기업이 아니기 때문이다. 소비자는 그 정도의 안목을 갖추고 있다.

핵심은 비즈니스 목적과 기업의 존립 이유다. 마케팅으로 접근할 수 있는 수준을 뛰어넘는, 비즈니스 지형이 근본적으로 변화하는 시대다. 착한 기업의 효과를 누리고 싶다면, 마케팅이 아니라 비즈니스 목적을 재정립하는 것이 우선이다.

책임 전가의
시대는 갔다

우리나라 기업들이 가장 활발하게 추진하고 있는 사회공헌 활동을 살펴보자. 사회공헌 활동이란 비즈니스와 사회문제의 분리 속에 이뤄지는 기업의 사회지원 활동을 말한다. 이에 비해 소셜임팩트는 비즈니스와 사회문제의 결합이라는 새로운 상황에서 사회문

기업의 사회공헌 활동과 소셜임팩트 대응의 차이

비즈니스와 사회문제 분리 후 사회문제 관련 간접 지원: 기업은 사회문제 해결 주체가 아닌 제3자

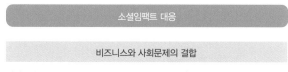

사회문제 해결에서 비즈니스 기회를 찾고 비즈니스화(예: 테슬라의 지구온난화 방지를 위한 전기자동차 사업화)

사회문제에 주체적으로 대응

코카콜라의 예: 흑인의 사회적 지위 향상을 지원하는 방식(제3자적 지원)이 아니라 책임 있는 사회 구성원으로서 코카콜라가 직접 흑인을 적극적으로 고용함.

한국인이 주로 걱정하는 문제들

(단위: %)

실업과 일자리: 글로벌 전체 33, 한국 66
빈곤·사회적 불평등: 글로벌 전체 34, 한국 40
금융/정치부패: 글로벌 전체 34, 한국 35
환경 파괴: 글로벌 전체 12, 한국 23
복지제도 유지: 글로벌 전체 9, 한국 21
범죄·폭력: 글로벌 전체 31, 한국 19
세금: 글로벌 전체 17, 한국 18
기후 변화: 글로벌 전체 12, 한국 13
교육: 글로벌 전체 20, 한국 12
도덕적 쇠퇴: 글로벌 전체 15, 한국 12
물가 상승: 글로벌 전체 11, 한국 10
극단주의 부상: 글로벌 전체 9, 한국 8
의료: 글로벌 전체 24, 한국 3
이민 관리: 글로벌 전체 13, 한국 2
테러: 글로벌 전체 12, 한국 1
소아비만: 글로벌 전체 4, 한국 1

글로벌 전체 · 한국

제 자체에서 비즈니스 기회를 찾거나, 기업이 해결의 주체로서 적극적으로 나서는 활동이다.

기업은 사회문제를 해결하는 데 이제 더는 제3자적 위치를 고수하기 어려워졌다. 아니 오히려 기업이 사회문제 해결을 제3자에게 떠넘기는 것은 책임을 전가하는 것으로 받아들여진다.

이제는 우리 사회의 문제를 해결하는 데 기업이 주체로서 적극적으로 나서야 한다. 국민과 새로운 유형의 소비자들은 이런 기업을 착한 기업으로 인정하고 지지할 준비가 되어 있다.

다음은 우리나라 국민이 걱정하는 문제들이다. 그중 '실업과 일자리'가 66퍼센트로 압도적으로 높다. 기업이 사회공헌 활동에 사용하는 비용을 고용 확대에 돌리는 것이 훨씬 바람직하다. 또한 양성평등 문제의 경우 남녀 직원 간의 임금 격차를 줄이고, 여성 임원의 비율을 늘리는 것이 올바른 대응이다.

사회문제를 해결하는 것은 구성원 모두에게 주어진 과제다. 기업도 구성원으로서 사회문제를 정면으로 마주해야 한다. 착한 기업은 그 과정에서 만들어질 수 있다.

'그린워시'의 역풍이
가져다준 교훈

기업이 소셜임팩트에 대응할 때 가장 주의해야 할 점은 과도한 의욕이다. 소셜임팩트와 관련하여 사회문제를 해결하고자 할 때 실질적인 행동보다 마케팅·홍보가 앞선다면 역효과만 가져온다.

과거 '그린워시Greenwash'에서 이런 사례가 속출한 바 있다. 그린워시는 기업이 실질적인 친환경 활동을 하지 않은 채 친환경 기업인 양 마케팅과 홍보 활동을 전개하는 것을 말한다. 그린워시 행위는 소비자의 거센 역풍 속에 사라지고 말았다.

다음은 그린워시를 회피할 수 있는 기본 규칙으로, 소셜임팩트 관련 기업 활동을 할 때 참고할 만하다. 소셜임팩트에 대한 기업의 대응은 비즈니스 목적을 재정립하고, 기업의 존립 이유를 명확히 하는 것이 최선이다. 미래는 그런 기업들이 이끌어갈 것이다.

기업이 고려해야 할 '탈脫 그린워시' 원칙[6]

1. 솜털 같은 언어
명확한 의미가 없는 단어
또는 용어
예) 친환경

2. 녹색제품/더러운 회사
강을 오염시키는
공장에서 만들어진 효율적인
전구와 같은 모순적 내용

3. 연상시키는 그림
부당한 녹색효과를 가리키는
녹색 이미지들
예) 배기관에서 피는 꽃

4. 관련 없는 주장
모든 것이 녹색이 아닌데 하나의
작은 녹색 속성을 강조

5. 동급 최고?
다른 것들이 매우 심한
상황에서 약간 친환경적인 것을
선언하는 것

6. 믿음이 안 가는
'환경친화적인 담배?'
'친환경'이라면서 위험한 제품을
안전하다고 말하지 마라

7. 난해한 말
과학자만이 이해하거나
확인할 수 있는 특수용어,
정보

8. 상상 속 친구들
제3자 보증과 같은 '라벨'…
보증한 기관은 없음

9. 증거 없음
그것은 옳을 수도 있지만
증거는 어디에 있나?

10. 노골적인 거짓말
완전히 만들어진 주장 또는
데이터

자료: Futerra, 〈Selling Sustainability〉 report, 2015

3장

소셜임팩트의 생명력

빠르게 변화하는 미래에 대비하라.
앞으로 일어날 일들에 관심을 가져라.

클라우스 슈밥 Klaus Schwab, 세계경제포럼 회장 지구적 차원에서 제기된 소셜임팩트는 모두 UN, OECD 등 국제기구에서 제기한 이슈의 결과물이다. 세계적 차원의 경제체제가 정착된 이후 글로벌 기업들은 비용 절감을 위해 아시아·아프리카 등에 진출했다. 그러나 환경파괴, 아동 고용, 저임금·장시간 노동 등 다양한 문제를 일으켰고 이에 따라 기업의 사회적 책임CSR이 제기됐다.

지금은 '지속가능한 성장'이라는 어젠다가 설정되고, 여기서 파급된 사회적 가치들이 세계인들에게 커다란 영향을 미치고 있다.

정치는 권력 다툼에서 시작해 사회 이슈를 포괄하고, 지금은 경제 이슈로까지 영향력을 확장했다. 전 세계적으로 정치권은 사회와 경제를 따로 보지 않고 '사회경제'라는 포괄적 시각으로 바라본다. 비즈니스와 기업을 바라볼 때도 사회경제적 시각을 견지하며, 이 시각으로 기업 활동을 장려하거나 규제한다.

이제 기업도 사회경제적 시각으로 비즈니스를 바라봐야 할 때다. 비즈니스만의 독립적인 무대는 이제 더 이상 없다. UN, OECD, 세계은행 등 국제기구의 활동에 관심을 기울여야 한다.

소셜임팩트의 힘은
'세계적 약속'에 있다

비즈니스와 정치 간의 관계가 역동적으로 재구축되고 있지만, 주도권은 정치권이 갖고 있다. 이에 따라 각국 정부의 모임인 UN의 위상이 갈수록 높아지고 있다. '지속가능한 발전'이라는 개념을 제안하고 지구적 차원에서 정착시킨 것도 UN이다.

최근 국제 사회는 UN의 논의 결과를 전 세계 국가가 실행하는 방식으로 돌아간다. 개별 국가뿐만 아니라 OECD, 세계은행 등 국제기구도 UN의 논의 결과를 존중하고 실행에 적극적으로 참여한다. OECD가 주로 말하는 '포괄적 성장'은 UN의 지속가능한 발전이라는 어젠다를 유지하면서 빈부 격차 문제에 초점을 맞춘 개념이다.

소셜임팩트라는 메가트렌드는 이런 '세계적 약속'에 기반하고 있기 때문에 강력하다. UN에 소속된 대부분의 국가에서 소셜임팩트는 강화될 수밖에 없고, 국제기구의 강력한 지원 속에 그 영향력은 갈수록 커질 것이다.

OECD는 지금의 상황을 이렇게 말한다.

"수십 년에 걸친 세계화와 기술 혁신은 엄청난 경제성장을 가져왔지만,
상당수 인구는 경제적 번영에 참여하거나 이익을 얻는 것으로부터 배

제됐다. 포괄적인 성장이 이루어지지 않아 많은 국가에서 사회적 긴장이 고조되고, 유권자들의 불만이 고조되고, 포퓰리즘populism과 보호주의가 다시 생겨났다. 종합하면, 불평등은 우리 경제와 사회의 장기적인 건강과 기업이 효과적으로 사업을 운영할 수 있는 역량을 위협하고 있다."

글로벌 차원에서 그리고 개별 국가 차원에서, 소셜임팩트는 강력하고 일관되게 추진되는 메가트렌드일 수밖에 없다.

기업의 사회책임에 대한 요구는 갈수록 강해진다

시민들이 기업에 대한 새로운 역할을 요구하는데도 기업이 과거와 같은 방식의 행동을 고수해 사회문제로 비화하는 사례가 많아지면, 국민 여론에 민감한 정치권에서는 관련 법·제도를 정비하는 데 적극적으로 나서게 된다. 이미 문재인 정부는 이른바 '공정경제 3법'을 통해 기업의 사회책임을 강화하기 위해 나섰다.

공정경제 3법이란 공정거래법 전부 개정안, 상법 개정안, 금융그룹통합감독 법안 등이다. 공정거래법 전부 개정안은 총수 일가의 사익 편취 규제를 강화하고, 공익법인의 의결권 행사에 제한을 두는 것을 골자로 한다. 상법 개정안은 감사위원 분리 선출 등 지배주주 견제 강화 방안을 담고 있고, 금융그룹통합감독 법안은 금융사를 계열사로 둔 대기업집단의 건전성 강화가 초점이다.

현재는 '공정경제 3법'이 모두 야당의 반대로 입법화되지 못하고 있지만, 정부의 기업 규제 흐름은 점점 강화될 전망이다. 2020년에 새롭게 구성되는 21대 국회에서도 기업의 사회책임 강화는 핵심 의제가 될 것이고, 2021년에도 2022년 대통령 선거를 앞두고 기업의 사회책임 강화는 중요한 이슈가 될 것으로 전망된다. 전통적인 경제성장론에 기반한 기업자유 확대의 목소리가 한 축에서 유효하더라도, 불평등과 양극화 심화, 저성장과 일자리 감소 현상은 선거라는 과정을 통해 시민의 목소리를 분출시킬 것이다. 다가오는 선거들은 복지 담론을 넘어서 대기업의 사회적 책임 확대 문제를 공론화시키는 계기들로 작동할 가능성이 높다.

기업 입장에서는 국민의식 변화와 정치권의 움직임을 주목해야 하고, 사회책임 강화라는 새로운 과제에 적극적으로 대응해야 하는 시기다.

선택지는 있지만,
결론은 같다

입소스는 소셜임팩트가 개별 산업에 미치는 영향력에 대해서도 조사했다. 48개 산업을 대상으로 소비자들에게 '사회적 신뢰 브랜드'를 선정토록 했다(조사 결과는 부록 참조).

조사 대상인 48개 산업 전체에 대해 기업 속성과 제품 속성을 측정한 결과, '사회적 신뢰 브랜드'로 선정되는 데에는 현재까지 제품 속성이 주된 요인으로 나타났다. 기업 속성은 '기업책임 평가'와 관련된 내용이었고, 제품 속성은 '품질'과 관련된 내용이었다. 즉, 제품/서비스 품질이 우수하면 신뢰하는 브랜드로 선정되는 경우가 많았다.

이런 이유는 산업별 상황에 따라 소셜임팩트 소비 가능성이 달라지기 때문으로 분석된다. 기업의 사회책임을 강조하는 브랜드가 존재하는 산업도 있고, 그렇지 않은 산업도 있다. 기업의 사회책임을 강조하는 브랜드가 존재하는 산업에서는 소비자들이 사회적 신뢰 브랜드를 선택할 수 있지만, 모든 브랜드가 그렇지 않다면 선택의 여지가 없기 때문에 차선의 선택 또는 차악의 선택을 할 수밖에 없다.

이런 상황은 기업/브랜드가 소비자들과 달리 소셜임팩트 흐름에 소극적이기 때문에 발생한 것으로 분석된다. 우리나라 모든 기업이 한결같이 소셜임팩트 흐름을 거부한다면, 소비자들은 소셜임팩트적인 소비를 하기 어려워진다.

오뚜기가 '갓뚜기'인 이유

그런데 특정 산업에 속한 기업/브랜드 중 하나가 기업의 사회책임을 강조하고 나선다면, 소비자들은 어떻게 반응할까?

이 흥미로운 질문에 오뚜기의 사례가 분명한 답을 주었다. 오뚜기는 젊은 층을 중심으로 '갓뚜기'로 불리고 있는데 지난 2008년 이후 라면값을 올리지 않고, 세금을 제대로 냈으며, 어린이 수술비를 지원하는 착한 기업의 행보를 이어왔다. 소비자들은 이런 오뚜기를 지지했고 오뚜기의 라면 시장 점유율은 30퍼센트까지 치솟았다.

다음은 소비자가 자신이 선택한 브랜드에 대해 제품/서비스 부

기업 속성과 제품 속성 면에서 평가한 라면 분야 사회적 신뢰 브랜드 결과

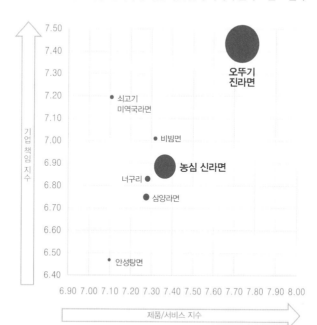

문과 기업책임 부문을 평가한 결과를 좌표로 나타낸 것이다. 오뚜기 진라면은 제품/서비스 부문과 기업책임 부문 모두에서 가장 높은 점수를 획득한 데 비해 농심 신라면은 그에 미치지 못한다.

오뚜기는 소비자 41퍼센트의 선택을 받으면서 '사회적 신뢰 브랜드' 1위에 올랐다. 이는 기업의 사회책임이라는 이슈가 부각된 데 큰 영향을 받은 것이다.

현시점에서 기업에 선택지가 있는 것은 분명하다. 많은 기업이 변화를 선택하지 않으면 소셜임팩트의 영향력은 감소할 것이다.

그러나 결론은 같다. 대부분의 산업이 글로벌 경쟁 시장이 되어 있고 소비자들은 '좋은 회사의 우수한 제품'을 선택할 기회가 늘고 있다. 기업은 경쟁우위를 위해 변화를 선택할 수밖에 없다. 그 시점이 지금 당장이냐, 조금 후의 일이냐의 차이 정도다. 기업의 미래를 운에 맡길 생각이 없다면, 당장 변화를 추진하는 것이 현명하다.

이미 각성한 대기업들

미국의 대기업들을 대표하는 '비즈니스라운드테이블BRT, Business Round Table'은 2019년 8월 말 '포용적 번영'을 강조하는 '기업의 사명에 대한 성명'을 발표했다고 한다.[7] BRT는 이윤 추구를 기업 활동의 최우선 목표로 삼던 기존의 주주 자본주의를 재검토하고 직원과 고객, 사회 등 모든 이해관계자의 번영을 극대화하는 것을 새

목적으로 삼아야 한다고 강조했다.

우리나라로 치면 전경련이 나서 대기업들의 새로운 사명을 표방한 것인데, 시장에서 가장 앞선 미국의 대기업들까지 수명을 다해가는 자본주의의 수술에 나서지 않으면 지속가능한 비즈니스는 불가능하다는 각성을 공개적으로 표방한 셈이다. 우선 비즈니스를 성공시키고, 충분히 성공하면 사회에 '일부분' 환원하는 방식의 마케팅이 이제 더 이상 유효하지 않다는 선언으로 읽힌다.

기술혁신의 시대에 신기술에 투자한 기업들이 고속 성장의 열차에 탑승해 현재의 산업과 시장구조를 만들었다. 이제는 사회혁신과 목적의 시대다. 소셜임팩트 흐름에 조응해 변화하는 기업이 미래의 기회를 먼저 거머쥐게 될 것이다. 각성된 소비자는 빠르게 늘어나고 있다.

과거를 그리워하고 추억하는 것은
패배자의 전유물이다

기업을 둘러싼 '갑질 논란' 보도가 이어질 때마다 국민적 비난이 집중되고, 해당 기업 총책임자는 머리 숙여 사과를 한다. 과거에는 단순한 해프닝으로 끝날 만한 사소한 문제까지 도마 위에 오른다. 처음에는 대기업의 갑질에만 국민적 비난이 집중되는 듯하더니 어느 순간 중소기업의 갑질에도 마찬가지 반응을 보인다. 이 역시 낯선 풍경이다.

기업 입장에서 억울하다는 하소연이 속출하는 것은 이해할 만하다. 문제가 터진 기업이든 그렇지 않은 기업이든 과거에는 문제가 되지 않았던 것이 지금은 엄청난 문제가 되는 현실에 화를 내기도 한다. 그러면서 정부를 탓하고, 언론을 탓하고, SNS를 탓한다. 당연한 반응이다.

하지만 그렇다고 해서 사회가 변하고, 국민이 변하고, 소비자가 변한 것을 되돌릴 수는 없다. 변화된 현실에서 국민들은 기업인을 바라볼 때 정치인과 비슷한 잣대로 바라본다. 이제 기업인도 공인이 된 것이다. 국민들은 기업인에게 우리 사회의 문제를 해결하고, 더 나은 사회를 만들어가는 공인이 될 것을 강력하게 요구하고 있다. 높은 도덕성과 최고 수준의 모범을 보여야 하는 공인으로의 전환을 더는 미룰 수 없다.

과거를 그리워하는 데 시간을 쏟고 추억에 젖어 상념에 잠기는 것은 지금까지로 충분하다. 이제 공인으로서 사회 중심으로 당당히 걸어갈 때다. 그곳에 기업인의 빛나는 미래가 있다.

SOCIAL IMPACT

4부
변화 2

기업, 소비, 리더십과
조직을 바꾸는 신인류의 등장

1장

소비자와 지구 편이 아니라면, 기업을 위한 시장은 없다

사람들은 자본주의가 사회에
얼마나 잘 기여하고 있는지에 대해
근본적인 질문을 하고 있다.

알렉스 고르스키Alex Gorsky, 존슨앤드존슨 CEO

파괴적 혁신으로 시장을 선도한
아마존닷컴의 명암

아직도 아마존을 온라인 서점을 운영하는 회사로 기억하는 사람이 있을까?

아마존은 'Everything Store' 또는 'Everything Company'라고 불리며 전 세계 유통 시장의 판도를 바꾸어놓았다. 최근에는 온라인 스토어뿐 아니라 클라우드 및 인공지능 서비스에서도 구글과 MS 등을 제치고 점유율 1위를 달성하며 구글, 애플을 위협하는

아마존 초창기 물류센터 내부
ⓒ유튜브/alynglobal[1]

미국 일리노이주 오로라에 있는 아마존 물류센터
ⓒ 연합뉴스

혁신 기업으로 자리 잡았다. 아마존은 2019년 11월 현재 시가총액 8,854억 달러로 전 세계 기업 중 3위를 유지하고 있다.

플랫폼 비즈니스의 독보적 선두

1997년 상장 당시 하나의 온라인 서점에 불과했던 아마존을 글로벌 유통 기업으로 성장시킨 비결에는 두 가지 키워드가 있다. 하나는 '플랫폼 비즈니스를 가장 잘 이해한 기업'이라는 타이틀이다. 그리고 다른 하나는 하버드 비즈니스스쿨의 클레이튼 M. 크리스텐슨Clayton M. Christensen 교수가 주창한 '파괴적 혁신disruptive innovation을 통해 소비자의 니즈를 가장 잘 채운 기업'이라는 점이다.

아마존은 초기에는 월마트Walmart, 토이저러스Toys"R"Us, 보더스Borders, 서킷시티Circuit City 등의 대형서점, 완구매장, 유통매장들과 경쟁하면서 시장을 잠식했다. 초기에 음반 시장을 놓고 애플과의 플랫폼 경쟁에서 밀린 교훈을 바탕으로, 킨들과 e-북 사업에 별도의 조직을 신설해 시장 확대에 주력하고, 종이책 사업부를 없애는 등 시장 현황에 안주하지 않는 파괴적 혁신을 충실히 진행했다.

이런 시장 파괴 전략을 바탕으로 아마존웹서비스AWS(아마존닷컴의 클라우드컴퓨팅 사업부)는 기업 클라우드 서비스 시장에서 점유율 34퍼센트, AI 홈스피커 시장에서 점유율 70퍼센트를 차지하는 등 MS와 구글을 제치고 1위를 차지했다. 이런 기세에 힘입어 아마존은 〈포천〉이 선정한 가장 존경받는 기업에 3년 연속 2위로 선정됐다(1위는 애플).

아마존의 또 다른 평판

아마존은 가장 존경받는 기업 2위로 선정됐으나, 반대로 평가가 매우 낮은 분야도 있다. 기업 평판 조사 업체인 레퓨테이션인스티튜트Reputation Institute가 발표한 글로벌 기업의 사회적 책임 순위에서는 62위, 〈하버드비즈니스리뷰HBR, Harvard Business Review〉가 발표한 환경ㆍ사회ㆍ지배구조 순위에서는 87위를 기록했다. 실적에 기반한 평판은 높은 데 비해 사회 기여 측면에서의 평판은 그다지 좋지 않다는 것을 알 수 있다.

왜 이런 평가를 받는 것일까? 아마존이 시장을 독점해가면서 얻은 지배력으로 경쟁 기업이 문을 닫게 하는 파괴적 전략을 펼쳐왔기 때문이다. 낮은 가격으로 시장을 점령한 후 지배력을 통해 사업 분야에서 경쟁 기업들을 퇴출시키는 것이다.

이런 현상을 일컬어 '아마존 되다To be amazoned'라는 표현이 생겨날 정도로 아마존의 파괴적 혁신은 악명이 높다. 아마존은 중소형 출판사를 체계적으로 분류하여 수익 기여도가 낮거나 협상력이 낮은 출판사로부터 과도한 이익을 취하는 '가젤 프로젝트(가젤을 사냥하는 치타에서 비롯함)'로 출판 업계가 등을 돌리게 하기도 했다.

미국뿐 아니라 전 세계 유통망을 장악해나가는 아마존은 반독점법 회피로도 유명하다. 의도적으로 영업이익률을 낮추는 행위를 통해 경쟁 유통 기업을 공략하는 동시에 관대한 소비자 정책을 폄으로써, 소비자의 편익을 늘리고 아마존이 손해를 봤으니 반독점법 대상이 아니라는 예외 규정을 이용하고 있다.

파괴적 혁신으로 인한 사회경제적 피해

시장 독점의 결과로 경쟁 기업이 파산하면 결국 대량 실업이라는 사회문제가 발생하게 된다. 파괴적 혁신 개념을 소개한 크리스텐슨 교수조차 아마존의 시장 파괴적 행보를 보면서 우려의 목소리를 냈다. 자신이 파괴적 혁신이라는 솔루션을 제안한 것은 기업의 혁신을 돕기 위한 것인데, 아마존은 이를 통해 시장을 독점하면서 경쟁자들의 파괴적 혁신을 미리 감지하고 위험한 경쟁자를 조기에 제거하고 있다는 것이다.

아마존의 이런 시장 파괴적 활동은 미 정부나 의회의 우려를 불러일으켰다. 결과적으로 아마존과 같은 시장 독점적 기업에 대한 규제 정책이 필요하다는 주장이 제기됐다. 아마존 물류센터 직원의 임금이 너무 낮다며 비판의 목소리를 높여온 버니 샌더스Bernie Sanders 상원의원은 2018년 아마존을 겨냥한 규제안인 '베조스 법안'을 제출했다. 구체적으로는 저임금 노동자들이 받는 정부 건강보험과 식료품 스탬프 금액에 따라 기업에 세금을 부과한다는 내용이다. 이 법안의 이름은 '지원금을 삭감해 나쁜 고용주를 막는다

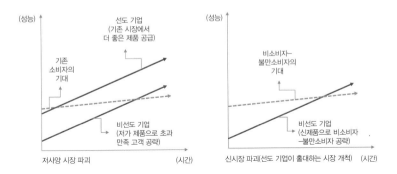

크리스텐슨 교수의 '파괴적 혁신' 이론[2]

(성능)

선도 기업
(기존 시장에서
더 좋은 제품 공급)

기존
소비자의
기대

비선도 기업
(저가 제품으로 초과
만족 고객 공략)

저사양 시장 파괴

(시간)

(성능)

비소비자–
불만소비자의
기대

비선도 기업
(신제품으로 비소비자
–불만소비자 공략)

신시장 파괴(선도 기업이 홀대하는 시장 개척)

(시간)

Stop Bad Employers by Zeroing Out Subsidies'로 앞글자를 따면 아마존의 최고경영자 제프 베조스의 성과 일치한다.

소셜임팩트가 말하는
경제성장

사실 아마존의 시장 전략은 과거의 패러다임으로 볼 때는 큰 문제가 되지 않을 수도 있다. 기업이 이윤 극대화를 추구하고, 법의 테두리 내에서 기업 활동을 진행하며, 이를 통해 결과적으로 소비자에게 경제적 혜택이 돌아가게 한다는 관점에서 그렇다. 이렇게 볼 때 아마존은 시장 혁신적인 좋은 기업이다. 그러나 소셜임팩트 시대 좋은 기업의 기준은 다르다.

지속가능 발전 목표에서 UN은 2030년까지 추진하는 주요 글로벌 정책 어젠다의 적용 대상에 개발도상국과 저개발국가뿐 아니라 선진국도 포함했다. 사회발전, 경제성장, 환경보존 중 한 가지 축인 경제성장의 내용은 다음과 같다.

> "무분별한 개발을 통한 경제 규모의 양적 성장이 아닌 모든 사람에게 양질의 일자리를 제공하고, 이를 통해 적절한 수준의 생계를 유지할 수 있도록 포괄적인 경제 환경과 지속가능한 성장 동력을 구축한다."[3]

소셜임팩트는 경제성장이라는 큰 틀에서 양질의 일자리와 경제 환경, 불평등 완화, 지속가능한 공동체 유지 등의 세부 목표를 가지고 있다.

아마존의 시장 전략은 소셜임팩트라는 패러다임에서는 글로벌 최고 기업으로서 위상을 갖기 어렵다. 그리고 이런 패러다임은 이제 일부 급진적인 사회 운동가가 주장하는 윤리적 기업에만 요구되지 않는다. 독점적 지위를 통해 시장 질서를 어지럽히고 지역 사회와 주민의 실업을 야기하면 안 된다는 인식은 이제 보편적 가치다. 과거 견해가 나뉘었던 진보와 보수 정치계가 '동반 성장'이라는 관점에 동의하고, 이윤 추구형 투자자들이 임팩트 투자에 나서고 있다. 개인의 이익 관점에서만 움직이던 소비자들은 공정무역을 지지하고 다른 사회 구성원을 배려하는 기업 활동을 기대하기 시작했다. 아무리 독보적 제품과 서비스를 제공하더라도 '나홀로 성공한' 기업을 좋은 기업이라고 평가하지 않는 것이다.

소비자와 지구 편이 아니라면, 기업을 위한 시장은 없다

왜 멀쩡한 프린터를 바꿀까

프린터 업계는 2~3년마다 일부 모델을 개선하거나 인기 높은 시리즈 위주로 업그레이드된 신제품을 내놓는다. 정상적인 환경에서 사용한다면 적어도 3년 넘게 쓸 수 있는 제품들이다.

그러나 많은 소비자가 1~2년이 조금 지난 프린터를 중고 장터에 내다 팔고 신형으로 구매한다. 고장은 없지만 잉크 카트리지를 모두 사용했기 때문이다. 기존 프린터에 정품 잉크를 구입하려면 아무리 싸게 구해도 10만 원이 넘는다. 그런데 새 프린터는 가격도 높지 않을뿐더러 번들 잉크 카트리지가 포함돼 있다. 프린터 업계가 프린터를 싸게 팔고 정품 잉크로 수익을 올리는 전략을 취하기 때문에 프린터 교체 주기가 그렇게 짧아진 것이다. 소비자들의 부담이 높아지자 당연히 호환용 비정품 잉크 카트리지 시장이 활성화되고 사람들은 값싼 호환 잉크를 구매하기 시작했다.

잉크 카트리지 시장까지 단속하려 하는 프린터 제조사

소비자들의 이런 구매 경향에 대응하기 위해 주요 프린터 제조사들은 무한잉크 공급장치가 적용된 프린터를 잇달아 출시했다. 소비자들이 비싼 잉크 교체 비용 때문에 자사 정품 잉크 대신 호환용 비정품 잉크 카트리지나 무한잉크를 사용하는 비중이 늘었기 때문이다. 카트리지형 잉크보다 용량이나 가격 면에서 가성비가 뛰어난 무한잉크를 제공하여 잉크 카트리지 시장을 단속하겠다는 심산이다.

HP, 캐논, 엡손, 삼성전자 등 주요 프린터 제조사들의 잉크 원가는 소비자들에게 비공개로 되어 있다. 인쇄용 잉크 종류가 매우 다양한 데다 제조 방식에 따라 원가가 달라진다는 이유에서다. 이런 정책은 소비자의 불만을 일으킨다. 근본적으로 제품 가격을 낮게 책정하고 소모품인 잉크 가격을 높여 마진율을 높이는 전략이기 때문이다. 일부 제조사는 카트리지 칩을 조작해 잉크 잔량을 속이거나 호환용 재생 잉크를 사용할 수 없도록 에러를 발생시키는 행태까지 벌여왔다.

법적 판결이 내려졌음에도

2017년 미국 대법원은 프린터 제조사가 자사 제품에 타사의 카트리지나 토너 등을 이용하는 것을 단속할 근거는 없다는 판결을 내렸다. 제품을 판 이상 회사가 소유한 특허권을 포기해야 한다는 것이다. 그럼에도 프린터 제조사뿐 아니라 대부분 제조사는 앞서 말한 것과 같은 전략을 펴고 있거나 펴고자 노력하고 있다.

프린터 카트리지와 비슷한 방식의 마케팅 전략이 구사되는 시장이 스마트폰 배터리다. 애플은 얼마 전까지 자사 스마트폰에 정품 배터리 외에 서드파티Third Party 업체의 배터리로 교체할 경우 애프터서비스를 제공하지 않는 정책을 펴왔다. 그러다 자사 배터리 리콜 이슈가 불거진 이후에는 타사 배터리로 교체한 아이폰의 수리를 거부하는 정책이 다소 변화하는 듯했다. 그러나 최신 운영체제로 업데이트할 때 타사 배터리가 장착된 경우 '서비스 필요'라는 메시지가 뜨고, 배터리 교체 시기를 확인할 수 있는 정보에 접근이 안 되는 방식으로 바뀌었다고 한다.

애플이 소비자 불편을 감수하고도 이러한 엄격한 정책을 펴는 이유와 삼성전자가 스마트폰 라인업에서 배터리 탈착식 모델을 제외한 이유는 같다. 스마트폰 역시 프린터처럼 배터리 호환·교체 시장이 활성화될 경우 스마트폰 교체 주기가 길어질 것이기 때문이다.

이윤을 추구하는 기업 vs
환경을 보호하려는 소비자

이윤을 추구하는 기업 입장에서 스마트폰을 10년 넘게 사용한다거나, 잉크값이 너무 싸 평생 한두 개의 프린터를 사용한다면 문제가 있을 것이다. 그러나 매년 쏟아지는 중고 스마트폰과 멀쩡한 프린터가 버려져 초래하는 환경오염을 생각해보자. 일부 프린터 제조사가 다 쓴 카트리지를 수거하는 캠페인을 벌이긴 하지만 폐 카트리지와 남은 잉크에 포함된 유독 성분은 심각한 환경오염을 야기한다. 소비자들이 저렴한 무한잉크나 재생 카트리지를 사용하는 것은 자신의 경제적 이익을 추구하는 것이기도 하지만, 넓게 보면 환경오염 방지와 관련이 있다.

그런데도 제품의 교체 주기를 늦추는 것은 기업 입장에서는 커다란 손실을 가져오기 때문에 포기할 수 없는 결정으로 이해해야 할까?

전혀 다른 비즈니스 혁신을 도모하는 기업도 있다. 프랑스의 타이어 제조사 미세린Michelin은 펑크 나지 않는 타이어의 상용화 계획을 발표했다. 공기를 주입할 필요가 없는 에어리스airless 타이어 '업티스Uptis'는 타이어 옆면이 골판지처럼 생겼다. 공기를 넣을 필요가 없고 신소재를 이용해 기존 타이어보다 튼튼하다고 한다. 과거 군용차량 등 일부에 사용되던 펑크 나지 않는 타이어를 일반 차량 장착용으로 개발해 타이어 시장을 바꾸겠다는 것이다.

미세린의 발표 후 그런 타이어가 보편화되면 타이어 교체 주기가 길어지고 타이어 업계의 비즈니스 전반에 악영향을 주지 않느냐는 우려가 당장 쏟아졌다. 이에 대해 플로랑 메네고Florent Menegaux 미세린 CEO는 "지금 모빌리티 산업은 지속가능성을 향해 발전하고 있고 환경에 대한 영향을 줄이는 것이 중요하다"며

"공기 없는 타이어는 미세린이 아니더라도 누군가가 개발했을 것이다. 장기적인 미래를 준비하고 최적의 솔루션을 찾아야 한다"라고 강조했다.[4]

소셜임팩트라는 트렌드가 가속화될수록 구조적으로 환경친화적이지 않은 기업은 위기를 맞게 될 가능성이 크다. 다양한 분야에서 소비자의 편익을 추구하면서도 환경친화적인 비즈니스 모델이 계속해서 나타날 것이기 때문이다. 그리고 환경을 중시하는 소비자들은 품질에 큰 차이가 없다면 점차 착한 기업, 윤리적으로 문제 없는 기업의 제품을 선택할 것이다.

이제는 국내 대기업도
나서야 한다

지구 경영이 목표인 구글

많은 SF 영화에서 미래 기업들은 대부분 부정적인 모습으로 묘사돼왔다. 로봇과 인공지능을 이용해 막대한 부를 축적하고 인간은 '통제해야 할 대상'으로 여기는 것이 영화 속 독점기업의 모습이다. 대영제국 시대 동인도회사의 식민지 탐사처럼 우주의 다른 행성은 정복하고 이용해야 할 대상으로 그려진다. 우주 정복선들은 탐욕스럽게 행성의 생명체를 파괴하고 생명윤리 같은 것은 '당연히' 간과한다. 지켜야 할 생명은 정복자로서 맹활약 하는 주인공과 그들을 우주로 파견한 지구의 지배자들뿐이다. 물론 영화라는 특성상 진짜 주인공이 나타나 휴머니즘으로 무장하고 로봇이 지배하는 사회를 깨뜨리거나, 외계 행성의 평화를 지켜주는 해결사 노릇을 하는 해피엔딩으로 마무리되기는 하지만 말이다.

SF 영화에서 그려지던 미래가 지금은 현실이거나 곧 다가올 미래의 모습으로 예측되고 있다. 20년 내에 인간이 담당하던 일자리의 절반 이상이 사라지고 로봇과 컴퓨터로 대체될 것이라는 것은 이제 상식이다. 생산성과 효율성에 목숨을 건 기업들은 빠르게 인간의 노동력을 로봇기술과 자동화, 인공지능으로 대체할 것이다. 비용과 이익을 기준으로 모든 것을 판단해온 기업이 고비용 저효율인 인간의 노동력과 일자리 문제를 고민할 이유가 없을 것이라는 것이 전제로 깔려 있다.

그러나 굴지의 대기업 중에는 그런 문제의 해결까지 비즈니스에 담아내려는 시도들이 나타나기 시작했다. 구글의 모토는 'Don't Be Evil'이다. 악한 기업이 되지 말자는 선언은 뒤집어 보면 악마가 될 수도 있다는 자신감을 배경에 깔고 있다. 마음만 먹는다면 무엇이든 할 수 있다는 것으로 읽히지 않는가. 나쁜 짓을 하지 않고도 돈을 벌 수 있다는 것은 긍정적으로 보면 엄청난 자신감의 표현이다.

실제 구글은 지구를 상대로 착한 비즈니스를 하겠다는 목표를 드러낸 사업들을 펼치고 있다. 예를 들어 '파이버Fiber'라는 사업은 일반 가정의 인터넷 속도를 높이기 위한 프로젝트를 진행한다. 광대역 독점 회사들은 개선의 동기도 부족하고 광케이블을 설치하는 데 돈을 투자할 이유도 없으나, 구글은 이를 당장의 이윤과 상관없이 진행하고 있다.

또 프로젝트 '아라Ara'도 있다. 아라는 부품 일부를 업그레이드하고 개인화 할 수 있는 구글의 조립식 스마트폰을 일컫는다. 스마트폰 교체주기가 1~2년으로 짧아져 환경에도 악영향이 크고 소비자들의 부담이 크다는 것은 익히 알려진 사실이다. 각국 정부가 이런 문제에 손을 놓고 있는 사이 민간 기업인 구글이 이를 개선하겠다고 나선 것이다.

스리랑카에서 추진된 구글의 '프로젝트 룬'

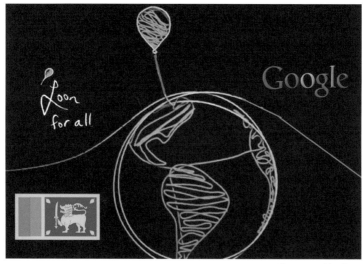

끝으로 '프로젝트 룬Project Loon'은 10억 명의 사람을 인터넷으로 끌어들이는 프로젝트다. 케이블TV의 신규 고객 유치 같은 목적이 아니라 인터넷이 연결되지 않은 소외된 지역의 사람들을 대상으로 하는 것이다. 히말라야 같은 고산지대에 고속 인터넷을 설치하기 위해 구글은 성층권에 기상관측용 기구를 띄우고 네트워크를 구축하겠다고 밝혔다.

물론 룬 프로젝트를 구글이 제3 세계에 자신들의 배너광고를 노출할 방법을 찾은 것이라고 냉소적으로 평가하는 사람들도 있다. 하지만 현대 사회에서 인터넷에 접속할 수 있느냐 아니냐가 엄청난 정보 격차를 초래한다는 점에서 이는 불평등을 해소하고자 노력하는 구글의 소셜임팩트 활동이라고 볼 수 있다.

비즈니스 무대를 우주로 넓힌 테슬라

구글 못지않게 지구적 차원의 경영 목표를 내건 기업이 테슬라다. 일론 머스크는 '가장 혁신적인 기업가'라는 타이틀과 '희대의 사기꾼'이라는 상반된 타이틀을 달고 다닌다. 논란이 끊이지 않고 있지만 그는 지구환경을 구하기 위한 전기차 상용화에 이어 세계 최대 민간 우주기업인 스페이스X를 설립했다. 스페이스X의 직원 수는 6,000여 명에 달하고 우주선 발사 비용을 10분의 1 수준으로 줄이는 것을 목표로 재활용이 가능한 로켓 발사 시스템 개발에 주력했다. 결국 2015년 12월 '팰컨9Falcon9' 로켓을 위성 궤도에 올린 뒤 개발비에서 막대한 비중을 차지하는 추진체 로켓을 그대로 회수하는 데 성공했다. 우주산업의 새로운 획을 그은 것으로 평가받은 하나의 사건이었다. 미국 항공우주국까지 화성 유인탐사선 계획을 내놓고 민간 우주산업 기업들과 협업을 시작했다. 비현실적 도전이라 불리던 머스크의 '화성 식민도시 건설' 계획은 어쩌면 머지않은 미래에 가능한 하나의 현실로 많은 주목을 받고 있다.

구글이나 스페이스X의 엄청난 프로젝트들은 인류의 미래를 위한 담대한 도전으로 평가받기도 하고, 막대한 기업 이익과 자본력을 무기로 지구 정복에 나선 것이라고 악평되기도 한다. 그들의 꿈이 자원 낭비와 무모한 투자로 귀결될지 인류의 행복을 증진시킬 세기의 혁신으로 끝이 날지는 아직 알 수 없다. 그러나 소셜임팩트의 다양한 스펙트럼 중 혁신을 통한 위기 극복과 인류 공존이라는 큰 숙제는 그만한 역량을 축적한 글로벌 혁신 기업들의 몫이다.

본연의 비즈니스 분야에서 소셜임팩트에 조응하는 것은 기업의 규모와 관계없이 가능하다. 소셜벤처나 사회적 기업들은 작은 단위에서 지역 사회와 사람들을 위해 비즈니스를 일으킬 수 있다. 소셜임팩트는 '사회성' 그리고 '혁신성'이라는 두 가지 축 사이에서 발생한다. 작은 기업들이라고 혁신적이지 못할 이유는 없지만 혁신적 비즈니스를 완성시키는 데 역량과 한계가 클 수밖에 없다.

한국의 대기업들도 보다 큰 사회문제 해결 비즈니스 확장에 대해 고민을 시작해야 한다. 대기업이 혁신 비즈니스에 앞장설 때 수

많은 아이디어를 보유한 스타트업, 벤처 기업들이 결합될 수 있고 성과로 이어지는 것이 가능하다. 기존의 사업 영역에서 안주하지 않고 한국의 대기업들도 소셜임팩트의 수준을 높이려는 노력이 시작되어야 한다.

2장

가치 소비자라는 신인류와
각성한 기업들

사회는 우리 모두에게 운영권을 준다.
이는 사회가 여러분을 신뢰하는지
아닌지에 대한 질문이다.
우리는 우리가 하는 일을 받아들일
사회가 필요하다.

지니 로메티Ginni Rometty, IBM CEO

SNS의 발달과 함께
진화하는 불매운동

장기적으로 영향을 미치는 불매운동이 가능해지다

2019년을 돌아볼 때 기업과 소비자의 관계에서 뚜렷하게 나타난

일본 기업 불매운동의 여파로 한국인 관광객이 급감하자 썰렁해진 대마도의 한 대형마트[5]
ⓒ연합뉴스

현상은 소비자 불매운동의 진화다. 최근 일본과의 외교 문제로 촉발된 일본 기업 불매운동이 크게 주목받고 있다. '노 재팬' 운동은 소셜네트워크와 같은 미디어의 발달에 힘입어 과거와 다른 차원의 강력하고 지속적인 불매운동으로 자리잡았다.

일본 기업 불매운동 외에 국내 대기업에 대한 불매운동도 활발해졌다. 종종 찻잔 속의 태풍으로 끝났던 불매운동이 기업 실적과 인력 채용에까지 영향을 미치기 시작한 것이다. 소비자들이 SNS 등을 통해 불매 기업 리스트를 작성하고 이를 지속적으로 공유하고 있기에 기업은 장기적으로 영향받을 수밖에 없다.

윤리적 소비

이런 소비자 운동 경향은 글로벌에서는 이미 활성화된 것으로서 '윤리적 소비ethical consumerism'라는 용어로 불리기도 한다. 죄책감을 덜어주는 크루얼티 프리 제품cruelty-free product(동물실험을 거치지 않았거나 동물성 원료를 사용하지 않은 제품)을 선호하거나 친환경 브랜드가 인기를 얻는 반면, 기업의 갑질이나 성차별에는 적극적인 불매로 대응하는 운동이 나타나고 있다. 이 소비자들은 보이콧이나 바이콧 등 다양한 활동을 통해 착한 기업과 그렇지 않은 기업을 구별하고, 이를 소비 활동에 적극적으로 반영한다.

자비를 들여 불매 기업 리스트를 작성해 출간한 사례[6] 조효진, 《2018 불매운동 기업리스트—관련기사와 기업의 대응》. 저자는 '불매가 의미가 있나'라는 하나의 질문에서 시작해 책을 만들었다. 600여 개의 보도자료를 수집하여 총 43개의 불매 기업 리스트를 작성했다. 다루고 있는 주제는 갑질, 인명사고/위험, 동물권/환경오염, 성차별, 성범죄, 인종차별/우익, 언행, 기타 등이다.
사진제공 ⓒ 조효진, 정혜정

가치 소비와
소셜임팩트

한국경제신문사와 입소스코리아가 함께 실시한 소셜임팩트 조사에서도 불매운동의 타깃이 됐던 기업들은 확연히 낮은 점수를 받았다.

이처럼 소셜임팩트를 중요시하는 소비자를 '가치 소비자'라고 부르기도 한다. 가치 소비란 자신의 가치를 충족시켜 만족도가 높은 제품을 구매하는 소비 성향을 가리킨다.

한국의 소비자들은 가치 소비의 유형 중에서 기업의 지배구조나 갑질 이슈 같은 기업윤리 차원에 좀 더 민감하게 반응하고 있다. 환경문제 해결이나 혁신적 비즈니스에 관심을 더 보이는 글로벌 트렌드와는 결이 다르다. 이는 아직 한국의 기업들이 기본적인 윤리경영의 이슈들을 충족시키지 못한 경우가 많고, 대기업 오너 일가의 일탈 문제도 끊이지 않기 때문이다. 대기업과 중소기업, 하청업체 간의 불공정 거래나 갑질 논란도 여전히 사회적 이슈가 되고 있다.

가치 소비를 가로막는 장애물은 다양하다. 가치 소비로 얻는 혜택은 작거나 주관적인 데 비해 값싼 일회용품 같은 제품의 편익은 즉각적이고 구체적이기 때문이다. 하지만 착한 마케팅을 펼치는 기업들이 늘어나면서 소비자들의 선택지도 점점 넓어지고 있다. 가격 차이가 상당하거나 품질에 불만이 없다면 '좋은 소비자'가 되면서 충족되는 만족감은 작은 불편들을 상쇄할 수 있는 것이다. 직접 느낄 수 있는 미세먼지와 환경오염, 매일 들리는 플라스틱 폐기물의 해양 생태계 파괴 소식은 소비자들을 변화시킬 힘이 충분하다. 별 생각 없이 쓰고 버린 일회용 컵과 빨대가 방생한 지열흘 만에 죽은 바다거북의 배 속에서 발견된 것을 볼 때, 사람들은 생각을 바꾸기 시작한다.

기업들만 글로벌 경쟁 환경에서 살아가는 것이 아니다. 소비자들도 글로벌 트렌드와 함께 호흡하며 생활한다. 소셜임팩트가 메가트렌드로 자리 잡는 속도가 한국이라고 해서 굳이 늦어질 것이라고 믿을 만한 이유가 있을까.

2018년 서울대 소비트렌드 분석센터는 '미닝아웃'을 대한민국 소비트렌드의 하나로 선정했다. 신념을 뜻하는 '미닝meaning'을 성 정체성을 드러내는 커밍아웃에 빗댄 신조어다. 집단 규범과 다른 자신의 신념이나 의견을 감추려 하지 않고 소비행위 등을 통해 이를 당당하게 드러내는 트렌드를 가리키는 말로 쓰인다. 밀레니얼 세대(1980년대~2000년대 초반 출생)는 소비도 신념에 따르는 미닝아웃에 적극적으로 동참하기 시작했다. 사회공헌에 힘쓴 기업의 제품이나 친환경·동물복지를 지향하는 먹거리, 플라스틱의 양을 줄인 페트병 제품의 구매를 고집하는 행위 등이다. 일본 제품 불매운동이 지속되는 것도 미닝아웃 소비의 결과로 해석되기도 한다.[7]

그런데 이런 트렌드가 밀레니얼 세대만의 특징은 아닐 것이다. 입소스 조사 결과에서 나타난 것처럼 중산층 이상의 고학력 중년 세대가 소셜임팩트 흐름에 가장 민감했다. 가치 소비가 특정 세대만의 현상이라고 보기 어려운 이유다.

'임팩트 위싱'으로 눈 가리고 아웅 하기

글로벌 소비자들의 이런 경향에 부응하기 위해 많은 외국 기업이 대응하는 방식이 있다. '임팩트 위싱impact washing'이다. 임팩트 위싱이란 '실제로는 친환경적이지 않거나 소셜임팩트와는 관계없는 목적을 가진 회사가 일시적으로 소셜임팩트 이미지를 내세워 회사의 평판을 관리하려는 마케팅적인 활동'을 의미한다.

폭스바겐의 디젤게이트

소셜임팩트가 소비자들에게 뿌리내리기도 전에 기업들은 임팩트 워싱을 진행하기도 한다. 대표적인 임팩트 워싱의 사례는 이른바 '디젤게이트Dieselgate'라고 불리는 폭스바겐그룹의 배기가스 조작 스캔들이다.

폭스바겐의 디젤 엔진에서 기준치의 40배가 넘는 배기가스가 발생한다는 사실이 밝혀졌는데, 센서 감지 결과를 바탕으로 주행 시험으로 판단될 때만 저감장치를 작동시켜 환경 기준을 충족하도록 제어장치를 프로그래밍한 사건이다.

폭스바겐은 스캔들이 발생하기 1년 전부터 배기량과 배기가스 계측의 차이가 작은 기술적인 문제에 불과하다고 주장했고, 증거

독일에서 열린 폭스바겐의 '디젤게이트' 관련 반대시위 모습　　　　　© 연합뉴스

가 나온 후에야 계측장치 조작을 인정하는 등 문제를 은폐하려는 시도로 일관했다. 소비자들의 반감이 더욱 컸던 이유는 폭스바겐이 저감장치를 조작하고 있던 시점을 포함해 오랫동안 '클린 디젤 캠페인'을 벌여왔기 때문이었다.

소비자 판단에 도움주는 소셜임팩트 지수가 필요하다

소셜임팩트를 진정성 있게 추진하는 기업들조차 기업의 이익과 관련된 문제에 부딪히는 경우 소셜임팩트와는 반대되는 결정을 하는 경우도 있다. 환경오염을 예로 들면 원자재는 친환경인데 과대포장을 한다거나, 저탄소 기법으로 생산된 물건을 대기오염에 악영향을 주는 운송 수단으로 배송하는 경우다.

일반적인 소비자들은 제품에 부착된 친환경 마크 등으로 제품의 친환경 여부를 평가한다. 때문에 기업이 생산하는 제품이 전체 밸류체인(가치사슬)의 모든 분야에서 기업이 표방하는 가치에 맞게 진행되고 있는가를 판단하기란 매우 어렵다. 그래서 소셜임팩트가 발달한 국가에서는 공신력 있는 제3의 기관이 소셜임팩트 지수 등을 만들어 기업의 전체 밸류체인을 평가하고 이를 소비자에게 가이드 형태로 배포하기도 한다.

충성 고객을 넘는
브랜드 옹호자가 온다

2000년 이전까지 소비자에 대한 기업의 목표는 고객 만족CS, Customer Satisfaction이었다. 이런 목표를 이루기 위해 고객 관계 관리CRM, Customer Relationship Management와 같은 분야에 많은 투자를 했으나 고객 만족도 점수는 어느 시점에서는 정체되기 마련이다(천장효과). 더 큰 문제는 기업들이 사용해 온 고객만족 측정이 실제 고객의 만족 수준을 제대로 반영하지 못한다는 점이다.

고객 만족도 조사 결과와 실제 고객의 만족도 간 괴리

유명한 경영 컨설팅 기업인 베인앤컴퍼니Bain & Company의 2005년 조사 결과, 대부분의 기업은 자신들이 고객에게 차별화된 서비스를 제공하고 있다고 인식하고 있었으나(조사 대상 기업의 80퍼센트) 정작 소비자들은 그렇지 않다고 인식했다(해당 기업의 고객 중 8퍼센트만이 실제로 인정).

더욱 심각한 사실은 조사 대상 기업의 95퍼센트는 '고객 만족'이 기업의 가장 중요한 목표라고 응답했지만, 고객 만족도 조사에서 '만족한다'고 응답한 고객의 60~80퍼센트가 다른 브랜드로 이탈했다는 것이다.

'고객 경험' 개념의 등장

이런 문제를 해결하고 고객 만족도의 한계를 극복하기 위한 방안으로 2005년 맥킨지 등은 고객 경험CX, Customer Experience 개념을 제시했다. 즉 기존의 고객 만족도는 기업 관점에서 마케팅과 프로모션 등을 활발하게 진행하지만, 정작 고객 입장에서 볼 때는 원하지 않는 정보를 쏟아내는 노이즈에 가까운 활동이 많았다는 것이다. 이를 개선하기 위해서는 고객의 로열티 확보가 가장 효과적인 방법이며, 이는 장기적인 관계 형성을 통해서 구축될 수 있다는 것이다.

맥킨지 등은 고객의 구매 여정Consumer Decision Journey 전반에서 긍정적인 경험을 제공하는 기업만이 장기적인 관계를 형성함으로써 충성 고객을 확보할 수 있다고 주장했다. 이런 긍정적인 고객 경험의 대표 사례가 스타벅스와 애플이다. 스타벅스는 매장에서의 고객 경험을, 애플은 애플 스토어나 미려한 제품의 개봉 방식 같은 부분에서 기존 기업과는 다른 경험을 제공하여 로열티 높은 고객층을 확보해왔다.

그러나 최근 이런 고객 경험에도 균열이 생길 조짐이 보인다. 아마존처럼 파괴적 혁신을 통해 기존 기업들이 탄탄하게 쌓아온 고객 경험을 끊어놓는 것이 한 예다. 이런 현상이 아직 보편화된 것은 아니지만, 기존의 유통 질서를 깨트리는 디커플링decoupling 현상으로 지칭되며 기존 시장 질서를 송두리째 바꿔놓고 있다.

취약 지점이 많은 고객 경험 전략

그렇다면 디커플링 현상 외에 다른 현상은 없는 것일까? 바로 이 책에서 주장하는 소셜임팩트 트렌드다. 소셜임팩트를 중시하는 소비자는 긍정적인 경험을 원하는 동시에 소셜임팩트를 발휘할 수 있는 기업의 제품을 중시하며 윤리적이고 착한 경험을 원한다.

앞서 지적했듯 고객에게 최상의 경험을 누리게 해준다고 해서 그 기업이 착한 기업인 것은 아니다. 기존 소비자는 제품이 탁월하고, 가격이 합리적이면 구매했다. 그런데 이런 기준은 또 다른 탁월한 제품이 나오거나(PDA 시장에서 아이폰 출시), 비슷한 성능에 가격이 저렴하거나(샤오미의 글로벌 IT 기업 제품 카피 전략), 손쉽고 빠르게 저렴한 제품을 전달받을 수 있다면(아마존의 글로벌 프리미엄 배송) 더 이상 유효한 기준이 되지 못한다.

충성스러운 소비자들조차 주저 없이 브랜드를 교체해 버리는 것이다. 합리적 소비라는 관점에서 기존의 고객 경험 전략은 기업 입장에서는 너무나 취약한 지점이 많다.

팬덤 + 소셜임팩트 = BTS × ARMY

소셜임팩트 시대의 비즈니스와 고객의 관계는 과거와 다른 양상을 보인다. 한류 열풍의 상징이자 글로벌 음악 시장에 신선한 충격을 안겨주고 있는 '방탄소년단BTS'의 예를 보자.

BTS는 국내 시장을 넘어 글로벌 규모로 확장된 '아미ARMY'라는

팬덤을 보유하고 있다. 전 세계로 확장된 그들의 인기는 케이-팝
K-POP의 대표주자라는 수식어를 넘어 글로벌 기업 수준에 비할 수
있다.

특히 팬덤 아미는 히트곡에 열광하고 음원을 구매하는 단순한
충성 고객이 아니다. 마치 BTS의 소속사 빅히트엔터테인먼트의
직원 같은 정체성을 가지고 활동한다. BTS가 새로운 음원을 출시
하면 거의 실시간으로 각 나라의 언어로 번역해 전 세계로 퍼 나
른다. 이런 현상은 기존의 기업과 고객 관점에서 찾아보기 힘든 현
상이다. 음원을 구매하고 콘서트를 찾는 고객의 영역을 벗어나 즐
기는 동시에 유통과 확산에 기여하는 적극적 동반자 역할까지 수
행하기 때문이다. 당연히 음악성 측면이 담보되어야 하겠지만, 아
미는 BTS의 히트곡에만 열광하고 나머지에 대해서는 냉담해지는
것이 아니라 자신들이 히트곡을 만들고 마케팅에 동참하는 동반
자로 진화했다.

BTS가 이런 절대적 지지층을 확보할 수 있었던 비결은 무엇일
까. 다양한 이유들이 있겠지만, 그중 하나는 BTS의 콘텐츠와 음악
적 활동에서 찾아볼 수 있다. 이들의 노랫말에서는 공감과 솔직
함이 묻어나고 사회문제에 대한 높은 의식수준이 드러난다. 듣고
즐기는 음악에 그치지 않고 공감과 연대의 콘텐츠가 입혀지면서
BTS의 팬들은 단순 소비자에서 '공유자 겸 동반자'로 확장한 것이
다. SNS를 통해 BTS의 멤버들이 팬들과 소통하는 활동도 일반적

인 수준을 넘어선 것으로 유명하다. 공감과 소통의 장을 통해 강력한 팬덤 현상을 이끌어냈다.

사회문제에 관심을 보이는 음악인이나 연예인은 그 외에도 많다. 때문에 'BTS×아미' 현상이 단순히 사회적 메시지 때문이라고 단정할 수는 없다. BTS가 큰 인기를 누리는 기본 배경은 음악성과 스타성에 있다. 하지만 아미 같은 독특한 팬덤의 형성은 음악을 통해 사회문제 해결에 기여하고 소통하는 스타십을 만든다는, 또 다른 목적을 BTS가 구현하고 있기 때문에 가능했을 것이다. 아미는 문화산업이라는 장르에서도 소셜임팩트에 조응하는 비즈니스가 새로운 현상을 만들어낼 수 있음을 보여줬다.

소셜임팩트 시대의
기업이념

그렇다면 소셜임팩트 시대에 소비자들에게 보여주는 기업이념은 어떠해야 하는가? 국내 10대 기업은 모두가 반세기 이상 지속되어온 오랜 기업이다. 이들은 오랫동안 국내 산업을 이끌어왔을 뿐만 아니라 글로벌 브랜드로 성장할 만큼 높은 성과를 이뤘다. 특히 삼성, 현대, SK, LG 등은 국내에서 독특하고 강한 기업문화를 가지고 있다.

국내 10대 기업의 비전

가치관경영연구소에 따르면 우리나라 10대 기업의 창업정신은 모두 '사업보국事業報國'이었다고 한다. 일제 강점기, 해방, 한국전쟁, 산업화라는 격동기에 10대 기업 창업자들이 '잘살아보자'라는 시대적 요구를 '사업을 통해 국가에 보답한다'라는 창업정신으로 응답한 것이라고 봤다.

국내 10대 기업의 비전은 모두 궁극적인 목적의 대상을 인류라는 범위로 설정하고 있다. '인류에 공헌(삼성)', '인류 사회의 꿈을 실현(현대차)', '인류의 행복에 공헌(SK)', '가치창조(LG)', '인류의 풍요로운 삶에 기여(롯데)', '사회발전에 기여(현대중공업)', '삶의 가치 창조(GS)', '새로운 가치 창출(한진)', '지속가능한 내일을 만들어감(한화)' 등이다. 이들 기업의 경영이념을 읽다 보면 마치 한 회사처럼 서로의 비전이 유사하다는 생각이 든다. 포괄적이고 추상적이면서 '인류 · 꿈 · 가치 · 발전' 같은 좋은 단어들을 포함했기 때문이다.

'우리 제품을 사지 마세요'

아웃도어 의류 브랜드 파타고니아는 '이 옷을 사지 마세요Don't Buy This Jacket'라는 광고로 유명하다. 파타고니아는 등산 전문 브랜드가 아니었다. 그러나 기존의 등산 브랜드들이 간과하던 환경문제를 비즈니스 모델과 일치시켜서 환경을 중시하는 산악인들의 로열티를 얻었고, 미국에서 1위 아웃도어 브랜드인 노스페이스에 이어 2위를 차지하고 있다.

파타고니아는 1991년 "우리는 최고의 제품을 만들되 불필요한 환경 피해를 유발하지 않으며, 환경 위기에 대한 공감대를 형성하고 해결 방안을 실행하기 위해 사업을 이용한다"라는 사명을 선포하고, 환경문제 해결과 지속가능한 의류의 생산·유통에 앞장서 왔다. 그리고 2019년 기업의 이념이 담긴 사명선언문mission statement을 변경했다. 27년 만에 변경된 새로운 사명은 "우리는 우리의 터전, 지구를 되살리기 위해 사업을 합니다"로 보다 명확하고 간결해졌다.

파타고니아 창립자 이본 취나드 회장은 "죽은 지구에서는 어떤 사업도 할 수 없다"라는 세계적인 환경운동가 데이비드 브로워David Ross Brower의 말을 인용하며 "환경 위기로 인한 극도의 심각성과 절박함을 표현하기 위해 사명을 더욱 날카롭게 다듬었다"라고 밝혔다.[8]

파타고니아는 기존에도 친환경적인 그린 마케팅을 적극적으로 펼쳐왔다. 그렇지만 회사가 명성을 얻고, 제품이 인기를 얻음에 따라 좀 더 유연한 마케팅 전략을

파타고니아의 환경보호 이념을 반영한 '이옷을 사지 마세요' 광고
ⓒflickr/Gerd Leonhard

펼칠 수도 있었을 것이다. 강한 친환경 이미지는 일부 소비자에게만 소구할 수 있다는 판단을 할 수도 있으니 말이다. 그러나 파타고니아는 기존의 이미지와 전략을 더욱 강화하는 쪽을 선택했고 그것이 지금까지는 주효한 것으로 보인다.

소셜임팩트, 얼마나 하면 충분한 것일까

소셜임팩트에 조응한다고 할 때 기업이 '어느 정도' 하면 충분한 것일까? 기부나 사회공헌의 영역에 머문다면 어느 정도 투자(기부)를 할 것인지 판단하는 것이 어렵지 않을 것이다. 그러나 기업의 사명과 목적 자체가 소셜임팩트에 조응하는 데 맞춰진다면 충분한 정도라는 것은 존재하지 않는다. 얼마나 완벽하게 밸류체인을 소셜임팩트에 조응시켰느냐와 지속하고 있느냐 아니냐의 문제만 남는다. 파타고니아의 창립자는 파타고니아의 모든 직원에게 업무를 할 때 새로운 사명을 최우선 지침으로 삼으라고 주문했다. 직원을 채용할 때 환경에 대한 헌신적인 태도를 최우선으로 보며, 브랜드 홍보대사나 스포츠 선수와 협력할 때도 이 원칙이 적용된다. 즉 친환경적인 가치관을 지니지 않은 스포츠 선수는 아무리 인기가 있다고 해도 광고를 찍지 않겠다고 선언했다.

사업적으로는 환경 위기의 근본적인 원인을 규명하고 실질적인 해결 방안을 마련하는 데 초점을 맞췄다. 유기농 면으로 옷을 만들어 환경 피해를 줄이기보다는 되살림regenerative 유기농 방식으로 목화를 길러 농장의 토양을 건강하게 하는 것이 실질적인 해결책이라는 것이다. 파타고니아는 2025년까지 제품 공정, 운영시설을 비롯한 생산 공급망 전체에서 발생할 수 있는 이산화탄소 문제를 해결하기 위해 100퍼센트 탄소 중립(이산화탄소를 배출한 만큼 흡수하는 대책을 세워 실질적인 배출량을 '0'으로 만든다는 개념) 기업을 실현할 방침이다.

이런 파타고니아의 행보는 이른바 '임팩트 워싱'을 진행하다가 소비자들에게 외면당했던 많은 기업에 시사점을 준다. 경영이념과 실제 비즈니스 원칙 간에 상관성이 낮고, 기업의 사명선언문이 직원들에게도 잘 기억되지 않는 근본적인 원인은 다른 곳에 있는 게 아니다. 기업이 소셜임팩트를 실현하는 데 진정으로 관심을 두기 보다 그 시대에 유행하는 트렌드에만 관심을 갖고 있다는 것을 직원들이 누구보다 먼저 느끼기 때문이다.

3장

부유함이 아니라 평판으로 경영하라

세일즈포스가 더 커지고
더 성공적일수록,
우리는 공립학교와 공립병원,
집이 없는 사람들, 그리고
NGO에 더 많이 투자할 것이다.

마크 베니오프Marc Benioff, 세일즈포스 CEO

소셜임팩트 경영에 힘쓰는
글로벌 억만장자들

억만장자들의 공통된 세 가지 특성

스위스 투자은행UBS과 컨설팅 기업 프라이스워터하우스쿠퍼스PwC
가 발간한 〈억만장자 인사이트 2019Billionaires Insights 2019〉 보고서에
따르면, 2018년 기준으로 전 세계에서 자산이 10억 달러 이상인
억만장자는 5년 전보다 589명(38.9퍼센트)이 늘어나 2,101명이라고
한다.

　내용 중 흥미로운 점은 이 억만장자들에게서 뚜렷한 공통점이
발견된다는 것이다. 보고서는 억만장자들을 분석한 결과 세 가지
성격적 특성이 있다고 진단했다.

　첫째는 '현명한 위험 감수smart risk-taking'다. 억만장자 기업가들은
위험을 잘 감수할 줄 알았다. 그들은 자신이 이해하는 위험에 초점
을 맞추고 그것을 줄일 수 있는 현명한 방법을 찾으면서 매우 낙
관적인 태도를 가지고 있었다.

현명한 위험 감수 　　　　사업에 초점 　　　　자기 결정권 유지 및
　　　　　　　　　　　　　　　　　　　　　　장기 전략 추구

둘째는 '사업에 초점business focus을 두는 것'이다. 이들은 새로운 기회를 찾기 위해 끊임없이 세계를 살피며 강박적으로 사업에 집중했다. 또한 실패에서 오는 스트레스에서 잘 벗어나는 등 회복력이 매우 뛰어났다.

셋째는 '자기 결정권determination 유지 및 장기 전략long-term strategy 추구'다. 이들은 기업에 대한 통제력을 항상 유지하려고 노력했다. 그렇게 하면 단기적인 성과가 아니라 장기적인 전략을 추구하게 된다. 미래 가치를 창출할 가능성이 가장 높은 제품에 연구개발을 집중하고 인력 투자도 지속적으로 이어진다. 한 억만장자의 회사 직원은 "우리 회사의 최고경영자는 월급이나 보너스 등에 욕심이 없다. 대신 그의 이해관계는 직원과 주주들의 이해관계, 회사의 가치와 완전히 일치한다"라고 말했다.

억만장자들의 소셜임팩트 경영

물론 이런 억만장자들이 펼치는 전략은 그들이 이미 억만장자이

기 때문에 취할 수 있는 행동이기도 하다. 다시 말하면 이들도 억만장자가 되기 이전에는 (부모로부터 이미 물려받은 것이 아니라면) 위험을 감수하기보다는 작은 이익을 위해 위험을 회피하거나, 사업이 아니라 다른 것에 정신이 팔리거나, 자기 결정권보다는 타인의 결정에 휘둘리는 직원이었을 수 있다. 억만장자가 아닌 몇십만, 몇백만 원이 아쉬운 일반적인 직장인이 어떻게 재무적인 위험을 감수할 수 있을까.

매년 발간되는 이 보고서는 기존과 다른 작지만 중요한 변화가 나타나고 있다고 밝혔다. 바로 요즘 억만장자들은 '세상을 더 나은 곳으로 만들자는 생각'을 가지고 '소셜임팩트 경영'에 나서고 있다는 것이다. 점점 더 많은 수의 억만장자들이 UN이 사회와 환경 변화에 긍정적인 임팩트를 주어야 할 분야로 제시한 열일곱 가지 지속가능 발전 목표를 달성하는 데 자신들의 비즈니스 성공을 이끄는 것과 동일한 노력을 기울이고 있다.

이들 억만장자는 환경 및 사회적 임팩트를 광범위하게 미칠 수 있는 변화를 설계하기 위해 새로운 방법을 모색하고 있다. 이들에게 최근 중요한 트렌드는 '임팩트'이며, 이는 비즈니스 방법이나 투자의 효과가 광범위하게 미치는 것을 의미한다. 예를 들어 영아 사망률 감소와 같은 미시경제적인 임팩트가 나라 전체의 경기 부양이나 웰빙의 증가와 같은 거시적 영역에 영향을 줄 때, 소셜임팩트 측면에서는 무엇을 어떻게 전개할 것인가를 고민하는 것이다.

이전과 달라진 억만장자들의 활동 모습

이런 억만장자들의 소셜임팩트에 대한 관심은 두 가지 부분에서 과거 자선 행위와 다르다.

첫째, 자산뿐 아니라 재능을 기부한다. 과거에는 자산만을 기부하는 형태였다면, 최근에는 자신의 비즈니스적인 재능과 자산을 모두 활용하여 임팩트를 주기 위해 노력한다. 상당한 자산을 축적했을 뿐 아니라 이들은 문제 해결 능력과 조직 운영 능력도 보유하고 있기 때문이다.

일례로 세계적인 배우 안젤리나 졸리는 영화배우로서만큼이나 봉사활동가로도 유명하다. 졸리는 UN 난민기구의 특사를 맡아 세계를 여행하는데, 여러 단체에 이름만 올려놓는 것이 아니라 자신의 영향력, 인기, 수입을 '난민 돕기'에 직접 활용한다. 그녀가 '할리우드의 마더 테레사'로 불리는 것을 두고 연출이나 보여주기 쇼라고 평하는 사람들은 찾아보기 어렵다. 여전히 엄청난 소득을 올리고 해외 유명 잡지의 표지를 장식하는 화려한 삶을 살지만 수입의 3분의 1은 기부한다는 원칙을 지키는 그녀는 자신만의 비즈니스와 소셜임팩트를 제대로 결합시킨 스타의 전형으로 꼽힌다.

이처럼 그들의 자산과 재능을 소셜임팩트에 함께 활용한다면 사회문제와 환경문제를 해결하는 데 영향력을 발휘할 가능성이 분명히 커질 것이다.

둘째, 홀로 기부하지 않고 협력적으로 임팩트를 미친다. 과거에 카네기, 포드, 록펠러 같은 억만장자들은 혼자 행동했다. 지금도 자선단체들은 개별적으로 자체 프로그램과 활동을 운영하고 있다. 그런데 억만장자들의 활동 패턴이 변하고 있다. 그들은 주변의 다른 억만장자들과 같이 협력할 뿐 아니라 소셜임팩트를 추진하는 데 필요한 전문 지식을 결합시키기 시작했다.

사회문제 해결에 경험이 풍부한 NGO, 자선단체 및 정부 기관과의 협업을 통해 높은 소셜임팩트를 달성할 수 있음을 깨달았기 때문이다. 이제 억만장자들은 자신의 조직을 구축하여 문제를 처음부터 해결하는 대신 전문 단체들과 파트너십을 맺고 사회를 바꾸어나가고 있다.

페이스북 창업자 마크 저커버그는 2015년 자신이 보유한 페이스북 지분 99퍼센트를 기부하겠다고 밝혔다. 당시 주가로 저커버그의 기부 액수는 한화로 52조 원에 달했다. 그의 통 큰 기부 자체도 화젯거리였지만 주목받은 것은 기부 방식이다. 자신과 아내의 이름을 딴 유한회사를 설립해 맞춤형 학습, 질병치료, 강력한 공동체 만들기에 기여하겠다고 밝힌 것이다. 단순히 가진 것을 나누는 선행을 넘어 자신이 잘할 수 있고 직접 기여할 수 있는 방법을 통해 사회개선에 나서겠다고 밝히면서 기부자의 삶과 부의 사회 환원을 하나의 목적으로 연결했다. 저커버그의 기부 플랜은 임팩트투자의 흐름을 이끈 것으로 평가받는다.

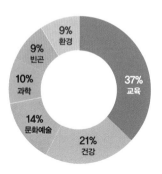

억만장자들의 기부 활동 비율[10]

9%
환경

9%
빈곤

10%
과학

14%
문화예술

21%
건강

37%
교육

영화감독 봉준호와
가수 아이유의 공통점

밥때를 잘 지킨 영화

2019년 국내 영화계에서 가장 주목받은 영화 중 하나가 봉준호 감독의 〈기생충〉이다. 〈기생충〉은 블랙 코미디 서스펜스 영화로, 식구 전원이 백수인 가족의 이야기를 그리고 있다. 장남 기우가 친구의 소개로 기업 CEO 딸의 고액 과외 면접을 보게 되면서 벌어지는 사건을 풍자적으로 묘사했다. 영화 〈기생충〉은 2019년 칸 영화제 공식 부문 경쟁작으로 출품되어 황금종려상을 받았으며, 2019년 북미에서 개봉된 외국 영화 중 가장 높은 흥행 수익을 기록하기도 했다. 미국 현지에서 2020년 아카데미 시상식 수상 후보로 언급되고 있기도 하다.[11]

영화 〈기생충〉은 또 다른 이유로도 화제가 됐다. 칸 영화제 인터뷰에서 배우 송강호는 "밥때를 잘 지킨 영화"라고 소개하며 자신을 비롯해 여러 스태프가 행복한 환경에서 일할 수 있었다고 밝혔다. 덕분에 영화 제작 과정에서 표준근로계약서를 준수했다는 사실이 알려졌다.

한국 영화나 드라마 등에 종사하는 스태프들의 저임금, 장시간 노동은 악명 높다. 제작사가 스태프들을 근로계약이 아닌 도급계약 형태로 고용하기 때문에 스태프들은 근로기준법상 노동자로 인정받지 못한다. 영화감독 등 제작자가 최저임금과 법정 근로시간을 지키지 않아도 근로법의 보호를 받을 수 없었다. 이런 문제를 해소하기 위해 2005년 설립된 전국영화산업노동조합이 근로계약 체결과 4대 보험 가입, 근로시간 기록 등을 주장하면서 필요성이 알려졌다.

봉준호 감독은 이미 2~3년 전부터 촬영 현장에서 근로계약을 준수해왔는데 영화 〈설국열차〉를 해외 배우들과 촬영하면서 해외 스태프들의 규정을 배웠다고 한다. 영화 〈기생충〉은 스태프들의 근로 환경을 개선하면서도 최고의 결과물을 만들어냈다는 점에서 더욱 의미 있는 성과라고 할 수 있다.

봉준호 감독을 비롯한 영화인들은 근로계약뿐 아니라 제작 전반에서 잘못된 관행들이 개선되기를 바라며, 드라마 같은 분야에도 이런 경향이 나타나기를 바란다고 소회를 밝혔다.[12]

소셜테이너의 증가

"'We the people' for The Global Goals"라는 제목의 유튜브 영상은 2015년 UN총회에서 채택한 열일곱 가지 지속가능발전 목표를 소개하는 콘텐츠로 110만이 넘는 조회 수를 기록했다.

이 영상이 유명세를 탄 건 내용보다 출연진 때문이다. 맷 데이먼, 스티븐 호킹, 빌 게이츠, 메릴 스트립 등 유명 영화배우와 세계적인 인사들이 대거 등장하기 때문이다.

사회개선에 다양한 방식으로 동참하는 유명 인사, 연예인들이 늘어나고 있다. 글로벌 스타들의 일화는 다양하게 소개되어 알려진 경우가 많고 국내에서도 점차 활발해지는 추세다.

가수 아이유는 2018년 데뷔 10년을 맞아 소속사와 재계약 조건으로 자신과 함께 한 스태프들의 정규직 전환과 월급 인상을 내걸었다. 이후 아이유의 애칭이 '아 회장님'으로 불리게 되었다고 한다.[13]

물론 이런 소셜테이너들에 대해 긍정적 평가만 존재하는 것은 아니다. 기업이 '그린워시' 마케팅으로 브랜드를 포장하듯, 소셜테이너들도 사회적 이슈에 개입은 하지만 실제 개인생활이나 본업에서도 이런 가치를 지키지 못하는 경우들이 많다. 위선 논란이 야기되기도 하고, 정치적으로 편향된 언행으로 구설에 오르기도 한다.

그러나 많은 공인과 연예인들이 본업과 더불어 '더 좋은 사회'

를 만들어가는 역할에 적극적으로 동참하는 것은 바람직한 현상이다. 인기를 바탕으로 만들어진 힘을 긍정적인 방향으로 표출할 때 소셜테이너들은 자신의 영향력을 더욱 가치 있게 사용할 수 있다. 말은 행동의 제약을 낳고 더 높은 수준의 사회개선 흐름에 동참하는 계기를 만든다. 실제 여러 연예인들이 광고 출연료와 관계없이 청소년에게 영향을 미칠 수 있는 주류 광고를 사절하거나, 사회적 기업의 제품을 구매하고 착용해 자연스럽게 홍보를 돕기도 한다. 자신이 실행 가능한 영역에서 '선한 영향력'을 행사하는 것은 충분히 가치 있는 일이다.

소셜임팩트는
거부할 수 없는 트렌드다

어떤 산업이든 자본주의 시스템 속에서 작동할 때 '이익'의 문제와 무관할 수는 없다. 단기적 이익, 이윤과 성과에 집중할 때 소셜임팩트에 조응하는 것은 시장의 논리에 반한다. 그러나 많은 기업과 조직들이 지속가능성을 고려한 비즈니스를 고민하고 실행하기 시작했다.

이익과 성과를 추구하면서도 지속가능한 비즈니스가 가능하다는 실증적 사례들이 늘어나고 있다. 또 각국 정부는 사회 안정성을 강화하기 위해 근로자의 인권이나 삶의 질을 높이는 데 필요한 제도들을 속속 도입하고 있다. 환경 위기가 고조되면서 친환경 사업은 선택이 아니라 필수로 바뀌고 있다. 과거에는 친환경 산업에 보조금을 주고 여러 혜택을 주는 방식이 주류였지만, 점차 환경오염이나 훼손 우려가 있는 방식은 벌칙을 주거나 금지하는 추세가 늘었다.

물론 지금 당장 눈앞의 현실만 보면 그런 변화들이 느껴지진 않는다. 기업이 처한 현실은 더 힘겨워지고, 경쟁은 더 치열해졌다. 환경 이야기를 많이 하지만 실질적인 조치는 별로 달라진 것 같지 않다. '나'만 당장의 이익을 포기하고 기업의 사명과 목적을 바꾸고 가치 경영을 해야 할 필요가 있는가라고 생각할 수 있다.

그러나 분명히 변화는 시작됐고 더 빠르게 전개되고 있다. 글로벌 기업들이 속속 '임팩트 투자'와 '임팩트 경영'으로 전환하는 이유들이 충분히 벌었기 때문은 아닐 것이다. 그렇게 변해야만 지속가능성이 높아진다는 현실적 판단이 변화의 이유다. 조금 더 길게 본다면, 사회적 가치를 실현하고 개선하려는 목적이 결여된 조직은 결국 도태될 수밖에 없지 않을까. 소셜임팩트는 선택과제가 아닌 필수과제가 되고 있다.

4장

우리 기업은 사회적으로 유익한가

리더라면 자신의 성공을
보는 것뿐만 아니라,
다른 사람들의 성공에
집중하는 것이 중요하다.

순다르 피차이Sundar Pichai, 구글 & 알파벳 CEO

내부에서 먼저 해야 하는 질문,
'우리 기업은 사회적으로 유익한가?'

소셜임팩트 시대에 소비자들만 바뀌는 것이 아니다. 직장, 직장인들도 바뀐다. 과거 직장은 평생 '소속된 장소'의 개념이 컸지만, 최근에는 근속 연수도 짧아지고 소속 개념은 크게 약화됐다. 원격 업무 기술이 발달하면서 근무 패턴도 과거와 달라졌고 자동화와 기계화가 초래한 변화도 많다. 2008년 글로벌 경영위기 이후에는 뉴노멀New Normal(저성장 규제완화 소비위축 현상 등을 일컬음) 현상이 세계경제 전반으로 확산되면서 직장인들이 투잡, N잡에 나서는 경우도 늘어났다. 청년층의 대기업 선호는 여전히 커 보이지만 과거 같은 수준은 아니다. 안정성을 중시하는 층은 공직 취업으로 쏠리고, 또다른 부류는 워라밸을 찾을 수 있는 기업을 찾아 나서는 등 직장에 대한 관점 자체가 빠르게 바뀌었다.

이런 변화 속에서 많은 조직 관리 보고서들은 밀레니얼 세대를 어떻게 조직에 융화시킬 것인가 하는 문제를 다루기 시작했다. 그러나 이런 연구들은 다분히 조직 중심 접근법에서 벗어나지 못한다. 조직을 위해 젊은 층을 설득하는 쪽에 초점을 맞추고 있기 때문이다. 왜 청년 세대가 기존 직장을 외면하는가에 대한 근본적인 문제로 관점을 옮겨야 한다. 마케팅 전략이 공급자 중심에서 소비자 입장으로 관점을 바꾸듯 조직 관리 역시 수요자 입장에서 접근해야 정확한 진단이 가능하다.

사회초년생이 어렵게 입사한 대기업을 1~2년 만에 뛰쳐나가는 이유가 업무가 힘들거나 의지가 약하고 개인주의적 성향이 강해서라는 진단은 어느 정도 정확할까. 인크루트와 알바콜이 대학생 929명을 대상으로 한 취업희망기업 조사에서 대기업이 41.2퍼센트로 높았지만, 중견기업을 선택한 비율도 20.5퍼센트로 전년(12.7퍼센트)보다 상당히 높아졌다고 한다.[14]

연봉이 다소 적더라도 삶과 일의 균형을 찾을 수 있는 곳, 스타트업이나 벤처기업처럼 개인의 역량과 기업의 발전을 함께 도모할 수 있는 곳을 찾아나서는 구직자들이 늘고 있다. 정부는 청년 세대의 스타트업 창업을 지원하고 취업에 대한 지원도 늘리고 있다. 사회적 기업이나 소셜벤처 창업 붐과 이런 기업에 참여하는 사람들도 증가세다.

청년층은 기존 세대보다 더 많은 정보를 갖고 취업시장에 뛰어든다. 단순히 대기업이라는 이름 하나로 구직 시장에서 최고의 인기를 누리던 시대는 끝났다. 통계작성 방식에 따라 다르지만 대기업 신입 직원의 3분의 1 가까이가 1년 내에 퇴사한다고 한다(2016년 한국경영자총협회 신입사원 채용실태 조사 결과, 1년 내에 퇴사 27.7퍼센트). 안정적인 고연봉 직장이라는 대기업 신화는 이미 깨졌다.

그와 더불어 소셜임팩트와 잘 조응하는 기업들이 늘어날 때 취업 시장의 판도는 다시 바뀌게 될 것이다. 기업이 추구하는 경영 목적이 사회개선에 두어질 때 조직의 구성원은 개인적 성취(취업, 돈)와 사회적 성취(보람, 자부심)를 양립하는 것이 가능해진다. 자신이 하는 일 속에서 의미를 찾으려는 사람들, 그들에게 소셜임팩트에 충실한 기업은 많은 단점을 덮고 '일하고 싶은 기업'이 될 수 있다.

한국에는 상대적으로 덜 알려져 있지만, IT 기업과 스타트업을 중심으로 기업용 메신저 서비스를 제공하는 슬랙Slack은 인기가 매우 높은 기업이다. 원래 게임 회사로 내부 커뮤니케이션을 위해 '슬랙'이라는 이름의 메신저 서비스를 만들었는데, 실리콘밸리에서 큰 호응을 얻었다. 이에 게임 개발을 정리하고 슬랙 서비스를 본업으로 바꿨다.

2015년에 슬랙의 창업자 스튜어트 버터필드Stewart Butterfield가 정식 제품 출시 2주 전에 직원들에게 쓴 글의 일부를 보면, 소셜임팩트 시대의 직원에 대한 커뮤니케이션이 어떠해야 하는지를 분명히 알 수 있다. 그 글의 제목은 다음과 같다. '우리는 말 안장을 파는 것이 아니다.'

"말 안장을 파는 가상의 회사가 있다고 생각해봅시다. 이들은 그저 말 안장만을 팔 수도 있고, 말 안장에 사용되는 가죽의 질이 얼마나 좋은지, 말 안장에 더해지는 장신구가 얼마나 세련된지 정도를 강조할 수 있을 것입니다. 이 외에 자기 회사의 말 안장이 다양한 사이즈를 보유하고 있고, 스타일과 내구성이 뛰어나고, 가격이 저렴하다고 강조할 수도 있습니다.

그러나 말 안장 회사는 안장 자체가 아니라 '승마'를 팔 수도 있습니다. '승마'를 파는 데 성공한다면, 그 회사는 말 안장에 대한 다양한 스토리텔링을 할 수 있는 컨텍스트를 갖추는 동시에 시장 자체를 자신들에 맞게 프레임화 할 수 있습니다. 그리고 그러한 성공은 단순한 말 안장 회사를 시장의 리더의 위치에 올려놓을 수 있으며, 파생되는 다양한 마케팅, 프로모션 기회를 제공할 것입니다(아이들에게 승마를 지도하는 학교와의 제휴, 자연보호 프로모션, 지도 제작 등). 그리고 가장 중요하게는 조직 구성원에게(소셜임팩트적인) 큰 생각을 할 수 있게 해주며, 장기적으로 회사가 지속적으로 성장하게 해줄 것입니다."[15]

슬랙 창업자의 메시지는 직원들에게 상당한 동기부여를 하는 계기로 작동했을 것이다. 많은 사람들이 일에서 보람을 느끼고 싶어 한다. 대기업이 아니더라도 스타트업, 소셜벤처나 사회적 기업에서 함께 일하는 동반자로 대우받고 능동적으로 일하는 기회를 찾는 사람들이 늘어나고 있다. 소셜임팩트 시대에 소비자를 설득하고 싶다면, 가장 먼저 해야 하는 것이 내부의 직원들이 이런 목적에 충분히 공감하게 하는 것이다. 이 부분이 충분히 이뤄지지 않는다면, 그 기업은 다음 단계로 넘어갈 준비가 아직 되어 있지 않은 것이다.

소셜임팩트 시대의 조직 리더란?

조직의 목적을 소셜임팩트에 맞게 바꿔나가는 것은 쉽지 않은 일이다. 이를 직원들과 공유하고 적용하기 위해서는 반드시 참고해야 할 부분이 있다. 구글의 피플 애널리틱스 팀이 제시한 프로젝트 옥시즌Project Oxygen에서 나타난 좋은 리더의 조건이다. '좋은 리더는 조직의 산소와 같다'는 의미로 좋은 리더란 어떤 사람인가를 알기 위해 시작한 프로젝트였다. 프로젝트 옥시즌 팀은 회사 내 팀장급 이상에 관한 자료 100종류 1만 건을 수집해 분석했다. 좋은 리더가 되기 위한 열 가지 조건은 아래와 같았다.

1. 일당백 해결사보다는 좋은 코치가 되라

문제를 해결해 주는 대신에, 문제 상황을 훈련의 기회로 삼는다는 것은 조직 프로젝트/비즈니스의 시작과 과정 마무리를 잘 이해하고 있어야만 가능하다. 소셜임팩트 시대에 가장 중요한 리더의 자질은 각자가 문제 해결 능력을 갖는 것이다. 소셜임팩트를 추구하는 소셜벤처든 시장파괴 상황이 심한 일반 비즈니스 기업에서든 모두 불확실성이 높은 상황을 피할 수 없다면 문제 해결 능력에 초점을 맞춰야 한다. 소셜임팩트를 추구하는 기업은 문제 해결 능력이 뛰어난 개인이 서로의 분야에 대해 좋은 코치가 되어 주는 곳으로 바뀌어가야 한다.

2. 팀에 권한을 부여하고 마이크로 매니지먼트를 하지 않는다

소셜임팩트에 대해 많은 이들이 가진 오해는 경영진이나 사회공헌 팀장같이 사회문제를 해결할 자격이 있는 사람이 별도로 정해져 있다고 여기는 것이다. 소셜임팩트와 같은 장기적이고 복잡한 문제는 몇몇의 슈퍼스타나 천재가 조직을 이끌어 가던 시대와는 다르게 접근해야 한다. 한동안 경영학계에 빠짐없이 등장했던 임파워먼트의 개념이 간과하고 있는 부분은 임파워먼트가 방임이 되어서는 안 된다는 것이다. 소셜임팩트와 같이 불확실성이 높은 비즈니스 영역에서는 리더가 혼자 큰 그림을 그릴 수 없기 때문에 협력해서 디테일을 찾아 나가야 한다. 동시에 리더는 임파워먼트를 핑계로 디테일을 동료나 부하직원에게 전가하고 있지는 않은지 역시 돌아보아야 한다. 즉 좋은 리더는 마이크로 매니지먼트를 할 능력은 가졌으나 팀의 발전을 위해 이를 자제하고 권한을 부여하는 자가 되어야 한다.

3. 성공과 복지에 관심을 기울인 포괄적인 팀 환경을 조성한다

소셜임팩트를 추구하는 조직에서 조직 구성원의 성공과 복지는 종종 대의를 위해 간과되는 경우도 많을 것이다. 우리나라도 오랫동안 회사, 가족 혹은 성공과 출세라는 명분을 위해 많은 직장인들이 자신의 인생과 건강을 희생하면서 일해왔다. 그러나 현대 조직은 달라야 한다. 조직 구성원의 성공뿐 아니라 실패까지 품어주는 포괄적인 환경을 구축하는 것은 좋은 조직문화에서 나타나는 대표적인 현상이다. 팀 내에서 실수와 농담까지 가능한 분위기야말로 가장 긍정적인 팀(조직)문화라는 사인이기 때문이다. 소셜임팩트를 추구하기 위해 지나치게 진지할 필요는 없다. 어려운 과제일수록 장기적으로 노력할 수 있는 환경을 만드는 것이 중요하다. 불확실성이 높아 모두가 성공에 대한 확신 없이 두려워하는 상황에서는 이러한 조직문화가 구성원의 심리적 안정감을 보장해주는 가장 확실한 장치다.

4. 생산적이고 결과 중심적이다

소셜임팩트를 추구하는 과정에서 많은 이들이 오해할 수 있는 것은 선한 일을 하기 때문에 결과와 상관없이 과정이 중요하다고 여기는 것이다. 그러나 소셜임팩트의 시작이 지구와 인류의 문제를 해결하는 데에서 착안된 개념이라고 볼 때, 생산성과 문제 해결 성과는 무엇보다 중요하다. 이를 위해서 본인과 팀원의 생산성이 높아지도록 해야 한다. 경쟁적인 평가를 바탕으로 성과를 측정하는 시스템은 폐기되어야 한다. 진정으로 리더와 멤버 상호간에 생산성이 높아지는 방법은 결과가 뚜렷하게 나타날 때이다. 물론 좋은 리더가 있더라도 불확실성이 높은 소셜임팩트 과제는 결과가 뚜렷하게 나타나지 않는 경우도 많다는 것이 어려운 점일 것이다.

5. 좋은 커뮤니케이터인가: 정보를 듣고 공유할 것

소셜벤처나 임팩트 투자 기업과 같이 린lean하고 애자일agile한 조직 구성이 빈번해지는 상황에서 경청과 공유 능력을 지닌 리더의 존재는 더욱 중요해질 것으로 생각된다. 문제는 상명하복이 익숙한 한국 조직문화에서 잘 듣고, 피드백을 주는 리더의 가치를 조직이 인정하고, 바로 평가할 수 있느냐 하는 문제다. 조직 내에서 소통이 활발하다는 것은 소셜임팩트 시대의 성공을 측정하는 바로미터가 될 가능성이 높다. 불확실성이 높은 소셜임팩트를 추구할 때 충분한 논의와 정보 공유야말로 가장 효과적으로 목표에 대해 점검하고 빠르게 수정할 수 있는 방법이기 때문이다. 많은 기업들이 수평적인 조직문화를 만들고자 직급을 제외한 호칭제도를 도입하고, 복장을 자유롭게 하며, 사무실의 자리배치를 유연하게 하지만 이러한 외적인 변화로는 근본적인 변화를 이끌어낼 수 없다. 소셜임팩트를 추구한다고 주장하면서 폐쇄적인 소통을 하고 정보를 독점하는 행동을 한다면 조직 구성원은 조직이 말하는 소셜임팩트의 가치를 믿을 수 없을 것이다.

6. 경력 개발 지원 및 성과에 대해 논의한다

전통적인 조직문화에서는 자기 사람을 만드는 능력이 리더의 최고 덕목처럼 여겨졌다. 평생직장 시대에 자신을 따르는 구성원이 많다는 것은 곧 조직 내 힘을 상징했기 때문이다. 그러나 이직이 잦아진 시대, 리더의 덕목은 바뀌었다. 언제든 떠나고 다시 만나도 이상하지 않은 동료들의 커리어를 개발해주고 다른 곳에서도 서로 네트워크를 통해 시너지를 낼 수 있도록 돕는 리더의 가치가 높아졌다. 현재 조직에 대한 충성도로 구성원이 평가되고, 직급과 위계에 따라 얼마나 높은 수준의 역량 축적이 가능한지 가려지는 식의 리더십으로는 '동반자 조직'을 만드는 것이 불가능하다. 더 많은 경력을 쌓을 수 있도록 지원하고 실질적인 성과를 낼 구성원을 만드는 리더십이 중요하다. 조직을 떠나면 그걸로 끝이라는 인식으로는 동료의 경력을 키워주고 성과를 낼 수 있도록 돕기 어렵다. 평생 직장이 사라진 시대에 역량 있는 '협업 동료'는 같은 조직 내에 있느냐의 문제보다 중요하다. 좋은 동료가 조직을 떠나더라도 좋은 관계가 유지될 수 있다. '내 사람'이 아니라 '평생 동료'를 만드는 리더가 성공하는 시대다.

7. 팀에 대한 명확한 비전과 전략이 있다

소셜임팩트와 같이 불확실성이 높은 프로젝트에서 명확한 비전과 전략을 갖는다는 것은 기존의 비즈니스 환경에서보다 더욱 중요하다. 막연한 장밋빛 비전으로는 거대하고 구조적으로 고착된 사회문제 앞에서 방향을 잃기 마련이다. 게다가 현실 조직에서 명확한 비전과 전략을 갖는 것도 어렵지만 그 비전과 전략이 실제 업무에서, 조직 활동에서 적용되고 작동하는가는 더 어려울 수 있다. 대부분의 국내 대기업들은 비전과 전략이 구호에 그치고 있는데, 이는 일부 임원만이 개입하여 그럴듯한 미사여구로 포장하기 때문이다. 앞서 언급한 슬랙 CEO의 메일 사례처럼 직원들을 설득하고 동기부여하는 것이 중요하다. 임직원 모두가 기업의 비전과 가치, 소셜임팩트에 관심을 갖고 동참할 때 실질적인 조직의 '공동 비전'이 수립된다. 그래야 조직 구성원 모두가 소셜임팩트에 관심을 갖고 가치 부여도 적극적으로 하게 될 것이다.

8. 팀에 조언을 제공하는 핵심 기술 능력이 있다

소셜임팩트 시대의 리더는 실무형 리더다. 이렇게 리더를 정의할 때 그 바탕에는 리더는 리더이면서 동시에 또 다른 조직의 구성원이라는 점이 전제된다. 전통적인 관점에서 리더는 실무형 리더보다 이끌어가는 지휘자형 리더를 뜻하는 경우가 일반적이었다. 태생부터 리더이고 오랜 기간 리더만 담당해온 사람이 한국 사회에는 매우 많다. 이들은 종종 결국 '누가 더 나만큼 조직에 대해 깊고 처절하게 고민하겠나'라는 강한 자신감을 표출한다.

그리고 이러한 리더는 팀에 조언을 건네지 않고 지시를 한다. '실무형 리더 혹은 지휘자형 리더' 식으로 구분할 때 어느 한쪽에만 속하는 리더십을 지녔다면 그 사람의 리더십은 한계가 있다는 것을 인정하는 셈이 될 것이다. 소셜임팩트 시대에서의 리더는 조직 내에서 때로는 실무자로 때로는 명확한 지시를 내리는 리더로 역할의 변화를 탄력적으로 수용해야 한다.

9. 여러 팀과 공동 작업을 한다

소위 '빅픽처'를 제시하는 능력은 조직 구성원이 기대하는 가장 중요한 리더의 능력이다. 디테일을 챙기는 구성원에게 빅픽처를 요구하거나, 빅픽처를 챙기는 구성원에게 디테일이 부족하다고 책망하는 조직이 실제 조직이 처한 환경이다.

미 우주항공국NASA이 우주 왕복선 챌린저 호의 폭발 사고에서 얻은 교훈이 있다. 최고의 엘리트 과학자들이 모인 팀에서 각자가 우주 왕복선의 치명적인 문제점을 인지하고 있었다. 하지만 다른 팀들이 이를 묵과하고 있다고 서로가 판단하면서 그 문제를 간과했고 결국 발사 실패라는 결과를 낳게 되었다는 것이다. 이후에 NASA는 협업의 중요성 특히 공동 작업에서 발생할 수 있는 여러 조직문화적인 문제를 해결하기 위해 많은 노력을 기울였다.

다양한 형태로 협업하고 외부 환경과 조응하며 추진해야 하는 소셜임팩트 비즈니스에서 리더의 창의성과 소통 능력은 필수적인 요소다. 조직 내부로 시선을 돌리면, 네트워킹과 공동 작업에서 발생하는 오해와 문제들을 어떻게 효율적으로 해결할 수 있느냐 하는 문제인 것이다.

10. 강력한 의사 결정자이다

소셜임팩트 시대에는 의사결정의 신속성과 단호함이 리더의 주요한 능력으로 요구된다. 조직 내부를 결속시키고 빠른 의사결정과 방향 전환이 필요한 경우가 많기 때문이다. 단호함과 더불어 필수적인 요소는 커뮤니케이션 능력이다. 단호함만으로는 잘못된 방향으로 의사결정이 내려질 위험이 있다. 반대로 경청과 피드백은 잘 하면서도 단호한 면을 갖추지 못하면 조직은 추진력을 잃고 전진하지 못한다.

새로운 비즈니스 환경인 소셜임팩트가 트렌드가 되었다고 해서 모든 회사가 애플이나 구글 같은 혁신적인 회사가 될 수는 없다. 혁신성만이 소셜임팩트의 지향점이 아니기도 하다. 그러나 전통적 비즈니스 관행에서 탈피해 사회개선과 지속가능한 발전에 부합하는 기업을 추구하면서 조직은 과거의 모습에 머문다면 지속적인 성공을 이끌어내기 어렵다. 어떤 방향으로 새로운 비즈니스를 모색하든 조직을 바꾸고 기업을 바꿔야 구성원들이 변화를 체감하고 차별성을 제대로 인식할 수 있다. 그 과정에서 조직 내부의 동의를 얻고 결속을 유지하는 것이 중요하다. 그래서 명확하고 단호하게 방향을 제시하고 이끌어가는 리더가 필요한 것이다.

직위와 직급, 위계로 조직이 구분되고 리더는 권한만 행사하던 시대는 이미 사라지고 있다. 프로젝트 옥시즌이 제시한 좋은 리더가 되기 위한 조건들이 새로운 것은 아니다. 결국은 소통, 결단력, 포용력, 배려 같은 전통적 리더의 덕목들과 크게 다르지 않다. 중요한 것은 체화하고 실행하는 것이다. 소셜임팩트 시대에 성공하는 기업은 조직 내부의 구성원로부터 먼저 '좋은 회사'라는 평가를 받을 수 있어야 한다. 내부에서 먼저 긍정적 변화를 이끌어내지 못한 기업이 고객과 사회에 좋은 영향을 줄 수는 없기 때문이다.

애자일 방법론 도입에
소셜임팩트가 필요한 이유

초기에 소프트웨어 방법론으로 시작된 애자일 방법론은 인재관리 시스템으로 확장되고 있다.

계획과 통제에서 유연성 · 전문성으로
통제를 통한 인적관리 시스템의 대명사로 여겨졌던 제너럴일렉트로닉스GE는 애자일 운영방식을 도입했다. 하향식 통제를 줄이고 진화하는 니즈에 맞춰 프로젝트를 관리하도록 각 팀에 권한을 위임한다는 것이다. 전통적인 조직 관리에는 '계획과 통제'라는 두 키워드가 있었다. 기업은 평생 같이 일할 직원을 선발하고 이들의 역량을 개발하기 위해 순환 근무를 지시하고, 리더가 될 인재를 미리 선별했다. 몇 년 동안 준비시키고, 이들에게 동기를 부여하기 위해 승진과 인센티브를 제시했다. 이러한 조직 관리는 세밀히 계획되어 장기적인 관점에서 진행되었다.

그러나 2000년대 들어 조직 관리는 외적인 비즈니스 환경 변화가 극심해짐에 따라 흔들리기 시작했다. 많은 조직이 변화 앞에서 기존의 전통적인 인재 관리를 포기하고 조직의 유연성과 전문성 확장을 위해 아웃소싱을 진행한 것이다. 조직 변화가 더욱 가속화되면서 최근에는 대다수 기업이 애자일 방법론을 도입하고 있다. 실리콘밸리의 소프트웨어 기업들이 주목받으면서, 톱다운 식의 계획과 통제 방법론은 단기간의 시장 적응에 더 적합하고 유연한 애자일 방법론으로 대체되고 있다. 신속하게 테스트를 거치고, 반복적인 피드백을 교환하며, 팀 기반의 의사결정과 짧고 집중적인 제품 개발을 목표로 하고 있는 것이다.

그러나 많은 기업이 생각처럼 애자일 방법론을 쉽게 적용하고 있지는 못하다. 2016년 진행된 '버전원 스테이트 오브 애자일 조사VersionOne's State of Agile survey' 결과에 따르면 대기업에서 애자일을 적용할 때 겪게 되는 문제점으로 다음과 같은 부분들이 나타났다.

1. **애자일 가치와 기업 문화가 충돌한다**(63퍼센트).

2. **애자일 방법에 대한 경험이 부족하다**(47퍼센트).

3. **경영 지원이 미흡하다**(45퍼센트).

4. **조직 내부에 변화에 대한 반감이 있다**(43퍼센트).

5. **비즈니스/문화/제품 책임자가 없다**(41퍼센트).

6. **애자일 업무와 프로세스에 일관성이 없다**(31퍼센트).[16]

왜 애자일 방법론 도입이 쉽지 않을까. 먼저 협력이라는 필수요소가 제대로 작동하지 않기 때문이다. 일방통행식 의사전달과 수직적 조직문화가 사라지지 않은 상태에서 협력은 제대로 이뤄지지 않는다. 외형적으로 애자일 경영을 시도하지만 내용 면에서 별다른 변화가 없기 때문에 결국 어렵다고 생각하는 것이다. 두 번째는 피드백이다. 피드백은 학습의 가장 큰 전제 조건이다. 불확실성이 높을수록 학습이 중요해진다. 그리고 소셜임팩트 관점에서 높은 불확실성을 낮추는 가장 확실한 방법은 조직의 비즈니스 목적과 의사결정 및 가치관을 조직 구성원과 투명하게 공유하는 것이다. 이러한 고민 없이 단순히 애자일 방법론을 요술 지팡이나 생산성 향상의 도구 정도로 인식할 때, 직원 입장에서는 경영진의 만족감을 향상시키기 위한 또 하나의 숙제 정도로 여기게 된다.

아직은 갈 길 먼 국내 기업의 애자일 조직문화

최근 한국에도 SK그룹, HDC 등에서 애자일 방법론을 도입하여 성과를 내고자 하는 흐름이 있다고 한다. 특히 IBK기업은행, KB 금융그룹, 신한금융투자 등 금융 기업들 역시 금융과 IT의 융합을 위해 애자일 방법론을 도입하고 있다. 그러나 큰 기대와는 달리 애자일 방법론을 도입하여 혁신을 이뤄냈다는 소식은 아직 없다.[17]

많은 전문가들이 애자일은 조직 운영의 철학이며 넓은 의미에서 조직문화라고 이야기한다. 애자일 방법론이 성공적으로 정착하기 위해서는 조직운영 철학과 조직문화 부분이 바뀌어야 한다. 그리고 소셜임팩트가 비즈니스의 목표에 중요한 역할을 할 때 애자일 방법론은 적합한 수단이 되어 조직 혁신의 강력한 도구로 작용할 수 있을 것이다.

내부의 공감과 지지가
선행되어야 한다

소셜임팩트가 가져오는 비즈니스 환경 변화는 그야말로 모든 분야에서 이뤄지고 있다. 이전에는 기술 발전으로 시장을 지배했던 아마존 같은 기업이 독점적인 지위를 누려왔다. 하지만 소셜임팩트를 중요시하는 트렌드에서 경쟁자를 시장에서 몰아내는 방식은 소비자들에게 반감을 살 가능성이 크다.

시장 지배력뿐 아니라, 비즈니스 방식 자체에서 지구와 환경에 문제를 일으키는 기업은 점점 지속가능한 조직으로 자리매김하기 어려울 것이다. 정보통신기술의 발달로 기업이 시장에 대한 이해를 확장한 만큼 동시에 소비자도 과거와 같이 정보가 부족한 상태로 (부정적인) 기업 활동에 대해 무지하지 않기 때문이다.

좋은 기업이 되기 위해서는 현재 지구와 인류가 당면한 문제에 대한 새로운 접근이 필요하다. 문제를 일으키는 기업이 아니라 문제를 해결하는 조직으로서의 기업이 돼야 하는 시대다.

그동안 많은 기업이 사회 트렌드에 편승하여 그린워시 등을 펼쳐왔으며, 소셜임팩트 분야에서도 임팩트 워싱을 진행해왔을 가능성이 있다. 그러나 소셜임팩트 시대의 소비자는 능동적이고 적극적인 성격으로 변하고 있다. 기업이 소비자를 대상화시키고 고객 혹은 방해자(불매운동)로 인식하는 것은 잘못된 관점이다. 이들은 자신이 인정하고 사회와 지구의 문제에 적극적으로 나서는 기업이라는 것을 공감할 때 단순한 소비자나 충성 고객을 넘어 기업의 옹호자, 기업의 일원까지 될 것이다. 기업은 이러한 차이를 만드는 원인을 잘 이해해야 한다.

끝으로 다른 모든 중요한 가치와 마찬가지로 소셜임팩트 역시 내부의 공감과 지지가 선행되어야 한다. 소셜임팩트를 외부에 펼치는 마케팅 용어 정도로 인식할 때 외부의 소비자뿐 아니라 내부의 직원들에게 더욱 큰 반발을 얻게 된다. 소셜임팩트 가치를 기업의 사명으로 추구하고, 이를 비즈니스 환경에서 구현하고자 노력하며 직원과 함께 고민하는 조직이 소셜임팩트 시대를 주도하게 될 것이다.

5부
진화

'소비를 넘어 사회로',
경계를 허무는 소셜임팩트

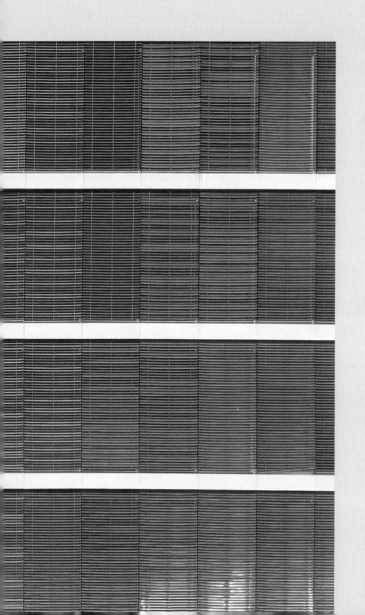

1장

국경을 넘어선 환경문제, '동조'를 넘어 '동참'의 시대로 진화하다

기후변화로 상징되는 환경문제는
미래의 문제가 아니다.
지금, 삶에 영향을 미치기 시작한 환경 위기에
시민들이 나서고 있다.

소셜임팩트라는 프리즘으로 비춰볼 때 기업과 소비(자)의 변화, 그리고 그 사례들은 다양한 차원에서 목격되고 진화하고 있다. 점점 더 많은 사람이 '착한 소비'에 관심을 보이고 기업은 이런 흐름에 호응한다. 깨끗한 지구, 나누는 소비, 함께 사는 세상이라는 목표를 중심에 둔 생산과 소비가 확대돼야 지속가능한 사회, 지속가능한 비즈니스가 된다는 자각에서 소셜임팩트는 힘을 키워간다. 몇몇 기업은 한 차원 높은 목표를 제시하고 소셜임팩트의 흐름을 앞장서 이끌기도 한다.

소셜임팩트가 '지속가능한 사회'에 목적을 둔 트렌드라면, 굳이 경제 영역인 소비-생산-기업 활동에만 국한되어야 할 이유는 없다. 오히려 사회 전반에서 더 근본적인 변화가 요구되는 것이 맞다. 그러나 국가, 정치, 법과 제도, 계층구조, 문화와 역사가 복잡하게 얽혀 있는 사회에서 소셜임팩트는 쉽게 그 영역을 넓혀가지 못한다.

'착한 소비'는 선진국이든 개발도상국이든, 어느 국가에 기반을 둔 기업이든, 어떤 품목에 대해서든 공통된 목표와 기준이 적용될 수 있지만 '착한 사회'는 그렇게 단순해질 수 없다. 자원이 고갈되고 불평등이 심해지면서 고도성장 신화는 지구촌에서 자취를 감춰가고 있다. 환경오염이 삶의 질을 떨어뜨리고, 가난과 불평등이 사회의 안정성을 위협한다. 독점된 권력은 사회발전을 역행시키고, 군중의 힘은 때로 무책임한 이기주의나 무질서로 귀결되기도 한다. 더 좋은 사회, 착한 정부를 요구하는 목소리가 높아지고 있지만 기존 시스템을 바꾸는 일은 쉽지 않다. 권력자들은 변화를 거부하고, 대중은 이해관계와 가치관의 충돌 속에서 서로 갈등한다.

진정한 소셜임팩트가 필요하고, 나타나야 할 '세상'의 면면은 그래서 오히려 암울하게만 보인다. 그러나 어둠이 짙어질수록 여명을 기다리는 마음은 간절해질 수밖에 없고, 기울어진 배는 수평을 되찾아야만 모두가 살 수 있다. 좋은 사회로 변화하는 것이 선택이 아니라 필수가 되는 시대, 그 속에서 다양한 사회개선 노력이 전개되고 있다. 미미해 보이는 한 사람의 노력이 큰 변화의 물결을 만들고, 창의적 리더들은 미래를 위한 고민과 해법을 제시한다. 좌충우돌하던 군중은 미래 세대를 생각하는 지혜로운 대중의 힘으로 전열을 재정비해가고, 사회는 4차 산업혁명 시대에 부응하는 필연적 변화를 요구받고 있다.

소셜임팩트라는 단어는 얼핏 외부의 거대한 변화나 흐름을 일컫는 말처럼 들린다. 자본주의가 돈에 매몰된 삶을 만들고 노예제 폐지가 평등이라는 사회 변화를 이끌었듯, 소셜임팩트도 어떤 사회제도의 외적 변화를 칭하는 말 같다. 하지만 소셜임팩트는 개개인의 자각과 생각의 변화에서 시작된다. 사람들 내면의 가치관이 바뀌고, 그런 사람들이 늘어나고 모이면서 사회 전체로 퍼져나간다. 법과 제도가 만들어지고 시민들이 그 제도에 적응해야 하는 '외부의 힘에 의한 삶의 변화'가 아니라, 오히려 반대로 '개인의 변화에 의한 사회와 제도의 변화'라는 양태로 구현되는 것이다.

사회 곳곳에서 나타나는 소셜임팩트의 흐름을 포착하고, 그런 움직임이 만들어낼 세상을 그려보는 것은 중요하다. 비즈니스 영역의 소셜임팩트는 귀납적이고 개혁적 방식으로 전개되는 것이 일반적이다. 다양한 분야에서 다양한 기업과 소비자들이 새로운 흐름을 만들고 확산시킨다. 더 많은 동참이 이뤄지고 메가트렌드로 자리 잡아가는 방식이다.

반면 사회 영역의 소셜임팩트는 반드시 그런 흐름으로만 전개되지 않을 수 있다. 연역적이고 혁명적 성격으로 다가오기도 할 것이다. 권력의 주체가 바뀌고 법과 제도가 바뀌어서 비즈니스의 틀 자체가 급격히 바뀔 수 있다. 환경 이슈가 임계치를 넘어갈 때 생겨날 문제들은 전면적 통제와 규제의 방식을 따를 수도 있다. 분기점 같은 변화가 개별 기업과 소비자들을 강제하며 새로운 흐름을 만들어내기도 할 것이다.

'미래를 위한 금요일'을 만든
그레타 툰베리

그레타 툰베리Greta Thunberg. 2019년 BBC가 선정한 '올해의 여성 100인'에 이름을 올렸고, 국제앰네스티 양심대사상도 받았다. 미국 시사주간지 〈타임〉이 선정한 '세계에서 가장 영향력 있는 100인' 지도자 부문에도 이름이 올랐고, UN 기후변화행동회의에 연사로 초청돼 각국 정상들에게 즉각적인 기후변화 대응을 촉구했다.[1]

화려한 이력을 달게 된 그레타 툰베리는 2019년 현재 만 열여섯 살의 스웨덴 소녀다. 아직 어린 이 학생에게 세계가 주목한 것은

기후변화 환경운동가인 그레타 툰베리

© 연합뉴스

이 여학생의 '미래를 위한 금요일Friday for Future' 1인 시위가 전 세계 청소년들의 동참을 끌어내며 큰 울림을 만들어냈기 때문이다.

툰베리는 "우리 지구가 불타고 있으니 당장 행동해야 한다"라며 금요일 등교 거부와 환경문제 해결을 촉구하는 시위를 이어갔고, 뉴스와 SNS를 통해 전파된 소식에 전 세계 청소년들이 함께 움직였다. 지역을 가리지 않고 160여 개 국가에서 청소년들이 기성세대의 각성과 기후변화 대응을 촉구하는 릴레이 시위를 열었다.[2] 한 명의 외침이 전 세계 청소년 네트워크로 확산돼 동참이 이어지자, 영국의 콜린스Collins 사전은 '기후 파업climate strike'을 2019년 '올해의 단어'로 선정했다. 콜린스에 따르면 2019년 이 단어의 사용 빈도가 이전에 비해 100배 늘었다고 한다.[3]

그 외에도 '개인'들의 울림 있는 노력은 계속되고 있다. 툰베리에 앞서 미국의 열세 살 소녀 환경운동가 홀리 터너Holly Turner는 탄소 배출량 감축 목표가 부족하다며 주 정부를 상대로 소송을 제기했다. 그리고 파리기후변화협약 당시에는 각국 정상들의 진정성 없는 태도를 풍자한 예술가들의 포스터가 파리 시내를 뒤덮기도 했다.[4] 네덜란드의 열일곱 살 소년 보얀 슬롯Boyan Slat은 해양 쓰레기를 쉽게 모아 수거할 수 있는 아이디어를 발표했다. 이는 '오션 클린업 프로젝트The Ocean Clean Up Project'라는 이름으로 실제 현실에 적용되어 활용 영역을 넓히고 있다.[5]

계절을 가리지 않는 미세먼지 때문에 거리에는 방진 마스크를

쓴 사람들이 돌아다니고, 지구 곳곳을 역대급 태풍·폭우·가뭄
이 강타한다. 남극과 북극의 빙하는 속절없이 녹아내리고 지구는
매년 뜨거워지고 있다. 지구 온난화, 엘니뇨 현상이라는 단어로
표현되던 기후변화 우려가 시작된 것은 오래전이다. 어린아이들
이 보는 동화책에는 '북극곰을 지켜주세요'라는 문장이 실려 있
고, 환경단체들은 기후변화를 막아야 한다며 시민들의 동참을 호
소해왔다.

　이제 누구도 기후변화와 환경파괴 우려가 현실이 될 것이냐 아
니냐를 두고 논쟁하지 않는다. 다만 얼마나 빠르게 얼마나 심각하
게 그런 변화가 진행될 것인지, 어떻게 하면 속도를 늦추고 생존
가능한 지구를 보전할 수 있는지를 두고 논쟁하기 시작했다. 환경
운동가뿐 아니라 많은 과학자가 실증적 연구를 통해 '심각한 위
기'를 경고하고 나섰고, 각국 정부는 공동의 해법을 모색하기 위해

2015년 파리기후협약 당시 예술가집단 브랜달리즘이 버스 정류장에 설치한 환경 정책 풍자 광고
ⓒ연합뉴스

각종 협약을 맺고 기존 산업 시스템에서 발생시키는 오염물질 배출량을 줄여야 한다는 데 의견을 모으고 있다. 그러나 서로의 이해관계와 자국 이익을 중시하는 이기주의가 맞물려 속도는 더디고 합의는 제대로 이행되지 않고 있다.

기성세대가 이룩해온 사회와 경제, 국가는 당장 눈앞의 이익·생산·성장에 매몰된 채 미래의 지구 문제는 뒷전으로 미뤄왔다. 미래 지구를 살아가야 할 청소년들의 입장에서 본다면 정말 분통 터지고 우울한 일이 아닐 수 없다. 학업과 진로 문제로 고민하고 미래를 설계해야 할 학생이, 학교를 벗어나 정부를 향해 왜 기후변화에 제대로 대응하지 않느냐고 소리를 질러야만 하는 상황까지 몰린 것이다.

즉각적이고 직접적인 영향을 미치기 시작한 기후변화, 환경오염 문제는 전 지구적 문제다. 중국 베이징만 미세먼지가 심각한 것이 아니고, 미국 동부해안만 허리케인에 휩쓸리는 것이 아니다. 브라질의 삼림 파괴는 남미를 넘어 지구 전체에 영향을 주고, 아프리카·중동의 가뭄과 사막화 역시 마찬가지다. 여전히 경제 발전론에 매달려 있는 각국 정부가 본질적인 문제를 해결하는 데 소극적인 태도를 보일 때 지구촌 시민들, 청소년들의 '행동 촉구'는 더 확산되고 강화될 것이다. 개인의 삶을 바꾸는 것으로는 지구의 위기를 막아내는 것이 역부족일 때, 사람들은 시간과 노력을 기울여 사회를 바꾸기 위해 나설 수밖에 없다.

'일회용 수저 · 포크는 빼주세요', 불편을 감수하는 시민들

2018년 8월, 커피전문점 등 카페에서 일회용 컵 사용 규제가 시행됐다. 매장 내에서 음료를 마실 때 일회용 종이컵이나 플라스틱 컵을 쓸 수 없도록 규제한 것이다. 시행 전에는 많은 사람이 미리 불편을 호소했고, 매장 종업원들이 음료용 컵을 씻고 테이크아웃 고객에게 음료를 다시 포장해줘야 하는 등 부작용이 만만치 않을 것으로 예상했다. 하지만 이 규제는 빠르게 정착됐고, 비현실적 규제이니 폐지해야 한다는 목소리도 이제는 별로 들리지 않는다. 오히려 플라스틱과 일회용품 규제가 더 강화되어야 한다는 여론이 우세하다.

대한민국은 플라스틱 소비량에서 세계 1위 국가다. 2016년 통계청 자료에 따르면 1인당 연간 플라스틱 소비량이 98.2킬로그램에 달한다고 한다.[6] 미국(97.7킬로그램), 일본(66.9킬로그램)보다 많다. 편의점에서는 당연하게 비닐봉지에 물건들을 담아 건넸고, 각종 상품은 플라스틱 포장재에 종이 포장이 덧입혀 판매됐으며, 유리병으로 판매되던 주류와 음료들도 플라스틱 용기에 담겨 판매되고 있다.

가볍고 싼 플라스틱 제품이 당연하고 발전된 것으로 여겨지던 시절도 있었다. 그렇게 소비된 플라스틱은 자연분해되지 않고, 사라지는 데 400년 이상이 걸린다고 한다. 소모된 플라스틱 제품 상당수가 바다로 유입돼 해양 생태계를 파괴하는 주범이 됐다. 태평양 한가운데 조성된 쓰레기 섬은 그 크기가 한반도 면적의 여덟 배 규모라고 하니 상상이 되지 않을 정도다. 폐사된 바다생물들의 내장에서 플라스틱 조각들이 대량으로 나오는 것은 이제 뉴스도 되지 않는다. 그런 상황을 목격한 시민들이 불편을 감수하면서 환경보호에 필요한 조치에 동의하고 있는 것이다.

이런 규제는 갈수록 강화될 것이다. 이미 여러 나라에서 더 강력한 일회용품·플라스틱 사용 규제가 시행되고 있다. 비닐봉지 사용을 전면 금지한 나라도 여러 곳이다. 케냐는 비닐을 섭취한 야생동물의 죽음이 이어지자 비닐봉지 사용에 벌금까지 부과할 정도로 강력한 규제를 시행하고 있다고 한다. 생태계에 심각한 악영향을 미치는 쓰레기 문제 역시 몇몇 국가의 문제가 아니다. 국제사회가 공조해 해양 쓰레기, 우주 쓰레기 문제를 해결해야 한다는 요구도 높아지고 있다. 일상생활에서도 빠르게 변화해야 한다는 자각이 늘어갈 것이다.

'변하지 않으면 공멸한다', 환경 이슈는 세대 넘어선 인류 과제

지속가능한 지구, 보존가능한 지구를 둘러싼 갈등은 현재와 미래

사이의 싸움이다. 생산성과 발전에 매몰된 채 위기를 외면하고 있는 기성세대(기득권)와 불안한 미래를 물려받아야 하는 미래 세대(청소년) 간의 갈등을 중축으로 전개된다. 그러나 미래 세대가 단절된 신인류가 아닌 이상, 부모 세대가 아이들의 미래를 외면한 채 사회가 지금 이대로 나아가야 한다고 생각할 수는 없다. '변하지 않으면 공멸한다'는 눈에 보이는 미래를 두고, 머리를 맞대고 답을 찾아가야 하는 시기에 접어든 것이다.

'미래를 보존'하기 위해 다양한 규제와 제도가 생겨날 것이고 기업에 대한 평가와 인식의 기준도 달라질 것이다. 기후변화뿐 아니라 환경 이슈는 더 포괄적인 영역에서 부상하고 있다. 네덜란드의 동물당PvdD, Partij voor de Dieren을 원조 격으로 유럽에서 돌풍을 일으키고 있는 '동물당연합'은 선거에서 의석을 확보하며 실질적 영향력을 행사하기 시작했다. 동물의 권리는 물론, 지속가능한 경제 안전한 환경을 위한 입법 활동을 펼치고 있다. 투우 경기를 금지하고 모피 생산을 위한 사육을 금지하는 정도의 활동이 전부가 아니다. 도축법, 축산 환경 같은 문제도 이들의 주요 관심 영역이다. 시민들의 호응이 커지면서 동물당의 활동은 더 확대되고 있다. 네덜란드는 육류 소비 감축을 정부가 목표치로 내세우기도 했다. 인류와 동물이 공생하는 지구를 목표로 한다는 점에서 이들의 활동 역시 환경의 영역에 속한다.

인류의 생존을 위협하는 지구의 위기가 논란이지만, 인간만 살아남고 동물과 생태계는 파괴된 지구 역시 존재할 수 없다. 기후 변화를 필두로 한 환경 이슈는 시민들의 삶을 빠르게 바꿔갈 것이고, 정부의 입법 · 제도를 강제하면서 사회 전체의 변화를 요구하는 메가 이슈로 자리를 잡아갈 것이다. 시민들의 참여는 늘어나고 일상화될 것이다. 큰 위기는 큰 변화를 통해서만 극복될 수 있다는 데 공감하는 사람들이 늘어날수록 변화의 폭과 깊이도 커질 것이다.

2019년 10월 5일 153개국의 과학자 1만 1,000명이 공동 성명을 냈다고 한다. 과학학술지 〈바이오 사이언스Journal of bioscience〉에 게재한 성명에서 전 세계 과학자들은 이렇게 경고했다.

"기후 위기에 대응할 행동을 즉시 취하지 않는다면,

인류는 엄청난 고통에 직면할 것이다."

2장

임계치에 도달한 불평등과 불균형,
경제 전반의 패러다임을 바꾸다

기울어진 운동장의 '기울기'가 문제,
기본소득제 공론화까지 촉발하고 있다.

기울어도 너무 기울었다. '20 대 80 사회'라는 말이 흔한 표현이 된 건 오래된 일이 아니다. 상위 20퍼센트와 하위 80퍼센트로 구분되는 사회가 도래하는 것이 어떤 불안정을 초래할지에 대한 논의가 채 끝나기도 전에, 이 말은 '10 대 90 사회'로 바뀌었다. 상위 10퍼센트에 모든 것이 집중되는 사회. 그 사회가 무엇인지 미처 알아채기도 전에, 사회 구성을 표현하는 단어는 또 한 번 '1 대 99'로 바뀌어버렸다. 상위 1퍼센트가 모든 것을 독점한 사회다.

다른 나라의 예를 들 것도 없다. 2017년 국세청 자료에 따르면, 근로소득 상위 1퍼센트의 1인당 연평균 근로소득은 2억 6,417만 원으로 하위 10퍼센트의 1인당 평균소득 243만 원의 108.7배에 달하는 것으로 나타났다.[7] 자산 격차는 더 어마어마하다. 전 세계 상위 1퍼센트가 전체 자산의 절반 가까이를 소유하고 있으며, 한국도 상위 1퍼센트의 자산이 전체의 30퍼센트에 달한다(지니계수 61퍼센트).[8]

전체의 30퍼센트건 50퍼센트건 상위 1퍼센트가 모든 부에서 그만한 양을 차지하고 있다는 것은 반대쪽에 수많은 빈곤층이 존재한다는 말이다. 급속하게 불균형으로 치달아온 사회, 지속가능성이 의문시되는 사회가 도래하면서 빈곤과 불평등은 개인의 문제가 아니라 구조, 자본주의와 경제 시스템의 문제로 넘어가고 있다.

불평등 심화는
'악당'에게도 공감하게 한다

'빌런'의 탄생, 공감이 선악 이분법을 이긴다

소셜임팩트의 핵심 정서는 '공감'이다. 그래서 사연만 있다면 악惡도 이해받을 수 있다.

영화 〈조커〉가 2019년 10월 2일 국내에서 개봉된 후 한 달 만에 관객 수 500만을 돌파하며 가을 흥행작 반열에 올랐다. 해외에서도 큰 인기를 끌었고, 제76회 베니스 국제영화제의 최고상인 황금사자상도 받았다. 〈조커〉 열풍에 영화 평론가들을 비롯해 문화계가 관심을 보이는 것은 '악당'을 재해석한 영화에 관객들이 열광하는 현상에 있다. 〈조커〉를 소재로 한 영화 평론 몇 개만 찾아봐도 영화 자체에 대한 관심의 폭을 가늠할 수 있다.

〈조커〉는 영화 〈배트맨〉 시리즈를 통해 알려진 '단순 무식 악당' 캐릭터를 '빌런villain'의 시각으로 재조명한 영화다. 빌런의 사전적 의미는 '이야기나 연극 등의 중심인물인 악당(악한)'으로, 라틴어 '빌라누스villanus'에서 유래됐다고 한다. 고대 로마의 농장 빌라villa

에서 일하던 농민들이 가난과 차별에 시달리다 약탈자가 됐는데, 이들을 가리키는 빌런이 '악당'을 뜻하는 말로 사용되기 시작했다고 한다. '무엇인가에 집착하거나 평범한 사람과 다른 행동을 보이는 괴짜'를 일컫는 말로도 사용된다.

영웅의 반대쪽엔 언제나 거대한 악이 있었고, 그 악은 그저 부수고 이겨야 할 대상으로만 그려졌다. 그런데 지금은 악의 화신이었던 조커가 어떻게 '악'으로 성장하게 됐는가를 그린 영화에 관객들이 공감하고 호응한다. 왜? 악한 행위를 응원할 수는 없지만, '어쩌면 그럴 수도 있겠다'라고 생각할 만큼 많은 사람이 조커의 분노에 자신이 처한 현실을 겹쳐 보게 되기 때문이다.

영화 〈조커〉는 위대한 영웅 대 울트라 악당 구도로만 묘사되지 않는다. 가난과 차별에 시달리던 평범한 소년이 악당 조커로 변모하는 사연이 등장하고, 그의 악행에 '공감하는 군중'이 등장한다. '나 홀로 영웅(악당)'이 아니라 대중의 정서를 관통하는 공감 지대를 지닌 주인공이라는 점이 과거 히어로 영화의 악당과 다른 〈조커〉의 스토리다.

빈곤이 경제 연구의
주류가 된 세계

2019년 노벨경제학상은 세 명의 빈곤 연구자에게 돌아갔다. 법무

법인 헤리티지의 최재천 변호사는 인터넷 매체에 기고한 글에서 빈곤 연구자들이 노벨경제학상을 받은 것을 두고 '경제학의 빈곤 현상'을 메운 사건이라고 평했다.[9] 전통적 주류 경제학은 가난한 사람들을 연구할 이유가 없었고, 그래서 '빈곤의 경제학economics of poverty'은 경제학계의 변방에 자리해왔다. 빈곤 연구자들이 노벨경제학상을 받았다는 소식은 빈곤이라는 문제가 경제학계의 중심에 자리를 잡게 된 일련의 흐름을 상징적으로 보여준다.

노벨경제학상 수상자들을 비롯해 빈곤-불평등 연구자들은 갈수록 심해지는 선진국과 개도국의 격차, 부자와 가난한 자의 양극화를 해결하지 못하면 결코 지속가능한 성장을 담보할 수 없다는 것을 실증적인 사례와 통계로 입증해 보여주고 있다. 주목할 부분은 이런 연구의 동기, 계기가 '지속될 수 없는 경제 구조에 대한 문제의식'에서 출발했다는 점이다. 이미 이런 방향의 경제(학) 연구들은 주류 경제학의 한 축이라고 불릴 정도로 풍성해졌다.

경제학자들이 빈곤 연구에 뛰어들고 있다는 것은 빈곤이 더는 개개인의 차원으로만 해석될 수 없다는 의미다. 빈곤과 부가 누군가의 능력, 운, 가문(배경) 같은 것들로 설명될 때 가난은 학문의 영역에서 깊이 다뤄지기 어렵다. 경제학자가 빈곤을 연구하는 것은 빈부의 문제가 이제 더는 개개인의 차원에서 이해되고 설명될 수 없는 정도가 됐기 때문이다. 사회 구조의 문제, 자본주의 작동 방식의 문제, 제도와 정치의 영역에서 부와 빈곤 문제가 설명되고 해답을 찾아야 하기 때문에 학자들의 연구 주제가 되는 것이다.

고도화된 자본주의는 새로운 계급사회를 창출해 내고 있다. '닫힌 계층 사다리'라는 말은 뒤집어보면 고착된 계층, 더 나아가 자본 소유로 구분되는 계급사회라는 말과 다르지 않게 들린다. 빈곤이 경제학자들의 연구 주제가 되어야 하는 이유가 바로 그 점이 아닐까. 신분사회를 탈피해 인간은 모두 평등하다는 믿음을 갖고 살아온 사회가 다시 계층과 계급으로 구분되기 시작한 상황을 진단하고 문제를 개선할 방법을 학자들이 연구하고 있는 것이다.

앤드루 양이 쏘아 올린 작지만 강한 충격, '기본소득 1,000달러'

"전국의 성인 모두에게 매월 120만 원을
아무 조건 없이 지급하겠다."

대한민국 대통령 선거에서 이런 공약을 내건 후보가 등장한다면 사람들은 어떤 반응을 보일까? 대부분 허무맹랑한, 현실성 없는 공약을 내걸고 한번 '튀어' 보이려는 폴리테이너politician+ entertainer(연예인 출신의 정치인) 정도로 여길 것이다. 실제로 한참 진행형인 미국 대통령 선거판에 매월 성인 모두에게 1,000달러를 기본소득 UBI, Universal Basic Income으로 내건 대통령 선거 후보자가 등장했다. 44세 대만계

미국 민주당 경선의 다크호스로 떠오른 앤드루 양
ⓒ연합뉴스

2세 기업인 앤드루 양Andrew Yang이 그 주인공으로, 조롱은커녕 미국 민주당 대선 후보 레이스의 다크호스로 떠올랐다.

사상 초유의 공약, '국민에게 자유 배당을'

'자유 배당Freedom Dividend'은 앤드루 양이 내건 보편적 기본소득 공약의 이름이다. 그가 제시한 해법은 자동화·AI·데이터의 혜택으로 엄청난 이윤을 창출하는 기업들로부터 부가가치세를 거둬 일자리가 실종되는 미국 사회에서 모든 성인에게 기본소득 월 1,000달러를 제공하겠다는 것이다. 그의 기본소득 구상은 민주당 내 유력 대선 후보들을 자극해 복지 정책을 강화한 선거 공약을 경쟁적으로 내놓게 했을 뿐 아니라, 경제학자들 간 논쟁까지 불러일으켰다. 보수와 진보를 가리지 않고 그의 사회 진단과 대응 방향이 옳다는 지지 선언도 이어지고 있다. 테슬라 창업자 일론 머스크

가 공개적으로 앤드루 양을 지지한다고 밝힌 일은 유명한 사건이
되어 뉴스를 타고 전 세계에 퍼졌다.

함께 살아가는 미래에 대한 모색

최근 4차 산업혁명 시대로 불리는 테크놀로지 경제는 단순 일자리
시대의 종말을 예고하며, '그 후 사회'의 모습에 주목하게 만들고
있다. 앤드루 양의 기본소득제 공약이 과거와 다르게 들리는 것은
그가 제시하는 메시지의 맥락 때문이다.

  그는 기본소득제가 단순한 복지 확대가 아니라 '다가올 미래에
함께 살아갈 수 있는 길'이며, 극단으로 치닫는 불평등 사회에서 인
간이 인간다움을 회복하며 살기 위한 조건이라고 말한다. 기본소득
제가 추구하는 목표와 대안이 명쾌한 것이다. 부유한 기업에서 세
금을 거둬 기본소득으로 나눠주면 많은 사람이 자원봉사·환경보
호·문화예술 같은 분야에서 일할 수 있고, 기본소득은 소비를 통
해 다시 기업으로 흘러 들어갈 것이라고 앤드루 양은 설명한다. 4차
산업혁명 시대에 지속가능한 사회가 되기 위해 기본소득제는 필수
적이고 가능한 대안이라는 설득이 공감을 얻고 있는 것이다.

지금이 아니라도, 정치는 방향을 틀게 될 것이다

앤드루 양의 새로운 정치 도전이 성공으로 끝날지 미완으로 귀결
될지는 아직 알 수 없다. 그러나 분명한 것은 미국 유권자들이 그

의 새로운 선언과 비전에 주목하는 현상이 일어나고 있다는 것이다. 대통령 당선 여부와 관계없이, 그에게 환호하는 미국인이 많을수록 결국 미국의 정치는 그 방향으로 한 발짝 더 접근하게 될 것이다.

'정의로운 나라', '위대한 국가', '경제 재건' 등 우리에게 익숙한 선거 구호 속에는 가치만 담겨 있거나 목적은 있지만 목적에 이르는 수단은 명확하지 않은 경우가 대부분이다. 좋은 가치나 목표에 정확한 현실 진단과 대안이 뒤따르지 않을 때 그런 공약은 구두선口頭禪에 그치거나 레토릭rhetoric으로 끝난다는 것을 우리는 경험을 통해 알고 있다.

정치와 무관한 삶을 살아온 이민자 2세로 수학자이자 교육 사업가인 앤드루 양이 미국의 주류 정치인들을 위협하는 다크호스가 될 수 있는 것은 많은 사람이 생각하는 '사회개선의 목표와 방향, 대안'의 당위와 목적, 효과를 구체적으로 설명해낼 수 있었기 때문이다. 대통령이 되면 어떤 것들을 하겠다, 해내겠다고 약속하는 것이 아니라 '인간 중심의 자본주의, 함께 살아갈 수 있는 사회를 위해 대통령이 되겠다'는 그의 메시지는 소셜임팩트의 문법과 닮았다.

기업의 소셜임팩트는 경영, 비즈니스의 목적 자체를 사회개선으로 바꾸는 것을 요체로 한다. 정치도 같은 논리가 적용될 것이다. 정치의 목적을 사회개선과 공존하는 사회로 설정한 정치인이 많아질 때, 그 사회는 다른 나라들보다 빠르게 위기를 극복하고 변화의 길로 나아갈 수 있을 것이다.

'한국도 기본소득 가능하다', 랩2050의 실험

미국 대선처럼 뜨겁지는 않지만 한국에서도 기본소득제 논의가 점차 확산되고 있다. 민간 연구소 '랩2050LAB2050'은 2021년부터 기본소득제를 도입하자는 제안을 내놨다. 기존의 소득공제나 세액공제를 폐지하고 아동수당이나 기초연금을 없앤 후 그 재원으로 전 국민에게 월 30만 원 이상의 기본소득을 제공하는 방안까지 구체적으로 제시했다.

현실적으로 가능한 국민기본소득제

이들이 발표한 〈국민기본소득제: 2021년부터 재정적으로 실현 가능한 모델 제안〉에 따르면 전 인구에게 월 30만 원씩의 기본소득을 지급하는 데 필요한 예산은 187조 원(2021년 기준) 정도라고 한다. 필요한 재원 마련 방안으로 제시한 것들은 △ 비과세, 감면제도 정비 약 56조 원 △ 재정 구조조정 약 30조 원 △ 탈루 등 공정과세 약 11조 원 △ 재정 증가분 및 신규 재원 활용 약 25조 원 등이다. 랩2050은 이런 방식을 도입할 경우 고소득층은 기본소득을 받더라도 연말정산 폐지 등으로 소득 감소 효과가 있지만, 중간 및 저소득층은 소득 증가 효과를 기대할 수 있다고 설명한다.

개인 또는 그룹 단위의 사회개선 노력으로 이룰 수 없거나 지난한 세월이 요구되는 변화를 강력하고 빠르게 만들어내야 한다는 공감대가 형성될 때 시민들은 정치와 국가, 행정 시스템과 정책의 변화를 요구하게 될 것이다. 여러 나라에서 비정치권 출신, 비주류 무명 후보들이 두각을 나타내고 대통령이나 국회의원에 당선되는 것은 사회개선을 기대하는 유권자들이 '희망'을 발견했을 때 빠르게 결집하고 지지하는 힘을 만들어내기 때문이다.

아직은 현실의 벽이 높지만

물론 이렇게 성공한(?) 정치인들이 자신들이 이야기했던 '좋은 사회'를 다 이뤄내는 것은 아니다. 스스로 준비가 덜 된 경우도 있고, 현재를 '좋은 사회'로 인식하는 기득권의 저항을 뚫고 사회를 개선하는 것이 어렵기 때문일 수도 있다. 그러나 더 많은 사람이 소셜임팩트의 흐름 속에서 사회개선이라는 목표에 부합하는 정치를 찾아 나설 때, 결국 정치는 변할 것이고 그에 따라 사회도 당연히 변할 것이다.

당장 현실 대한민국에서 민간 연구소의 제안이 채택될 가능성은 희박하다. 그러나 기본소득제 논의가 '기본소득제가 옳은 제도냐 아니냐'의 논쟁을 넘어 방법에 대한 논의를 촉발하는 수준에

도달하는 것만으로도 상당한 의미가 있다.

오세훈 전 서울 시장이 고교 전면 무상급식에 반대하며 주민투표를 요구했다가 시장에서 사퇴한 것이 2011년 일이었다. 10년도 안 된 시간 동안 보편적 복지가 점차 확대되어 그사이 아동수당이나 보육수당, 기초노령연금 등이 도입되고 시행됐다. 고등학교 전면 무상교육 문제는 오히려 보편적 복지에 부정적이던 보수 정당이 전면 시행을 주장하는 상황까지 와 있다.

지속가능한 사회 구조를 만들어야 한다

기본소득제 논의라고 해서 먼 훗날의 이야기는 아닐 수도 있지 않을까. 기본소득제는 저소득층에 대한 복지 차원의 논의가 아니다. '일자리가 사라지는 시대, 사회는 어떻게 유지될 수 있는가'라는 물음에서 출발한 것이 기본소득제다. 미래에 대한 이야기이고, 공존·공생의 담론 속에 기본소득제가 자리 잡고 있다. 머지않아 더 많은 사회 구성원이 기본소득제 논의에 눈을 돌릴 수밖에 없는 이유가 거기에 있다.

빈곤과 불평등 문제는 환경 이슈처럼 '합의된 규칙'으로 해법을 모색하기는 어렵다. 나라 사이를 가로막는 정치와 제도의 장벽, 국가 간 이해관계의 충돌이 필연적이기 때문에 일차적인 해법은 개별 국가 내에서 먼저 모색될 수밖에 없어 보인다. 그러나 한 나라 안의 양극화 못지않게 심각한 국가 간 양극화 현상을 그대로 둔다면, 지구촌의 한쪽은 생산수단의 발전 기회조차 가져보지 못한 채 멸실되는 미래를 피할 수 없을 것이다.

'지속가능한 사회'라는 미래가 암울해질수록 빈곤과 불평등 문제는 개별 국가와 국제사회의 중요한 어젠다로 부상할 것이다. 시민들이 연대가 국경을 넘어 확장되는 것이 환경운동에서만 가능한 것은 아니다. 이미 많은 사람들은 다른 나라에서 벌어지는 불평등과 독재, 부패 문제에 연대의식을 표출하고 있다.

기존 자본주의 시스템이 파생시킨 문제들이 심화되고, 기본소득제나 다른 제도를 통해서든 해결 노력이 불가피한 상황으로 치닫고 있다. 한 나라가 채택한 좋은 해법은 전파되고 다른 나라에도 영향을 주게 될 것이다. 국가 내의 불평등 문제와 함께 선진국과 후진국 사이의 불평등 구조 문제도 중요한 과제로 부상하고 있다.

3장

SNS로 연결된 개인들, '집단의 힘'으로 사회를 바꾸기 위해 나서다

흩어진 개인으로는
불공평한 세상을 바꿀 수 없다.
SNS 네트워크 시민군으로 재무장해 권력과
맞서는 사람들이 나타나고 있다.

SNS, 전 세계에
혁명을 공유하다

'우리의 무기는 스마트폰이다'

2010년 12월, 튀니지의 지방 도시 거리에서 한 청년이 자신의 몸에 불을 붙였다. 일자리를 구하지 못해 노점상을 하던 청년이 단속으로 삶의 기반을 빼앗기자 극단적 선택을 한 것이다.

그저 불행한 사건으로 마무리되는 듯하던 이 사건은 트위터를 통해 급속히 확산됐고, 사람들의 분노를 촉발했다. 경제불황에 대한 불만과 장기집권의 피로감으로 옮겨붙은 튀니지 시민들의 분노는 민주화 운동으로 이어졌고, 결국 벤 알리Zini El-Abidine Ben Ali 대통령은 2011년 4월 사우디아라비아로 망명했다. 이 일은 '재스민 혁명Jasmine Revolution'이라 불리며, 튀니지 시민 네트워크의 힘을 보여준 사건으로 널리 알려졌다.

'월가를 점령하라!'

2011년 미국 뉴욕 맨해튼의 주코티 공원에서 '월가를 점령하라 Occupy Wall Street' 시위가 시작돼 전 세계로 확산됐다.

미국 내 도시들을 넘어 전 세계로 확산된 이 시위는 부의 편중과 금융의 탐욕을 이야기하면서 SNS를 통해 강력한 지지와 확산을 이뤄냈다. 상위 1퍼센트에 집중되는 부의 편중 문제는 미국만의 얘기가 아니었기 때문에, 이런 불평등·불균형 구조로는 사회가 지속될 수도, 안정될 수도 없다는 공감대가 전 세계적 시위를 촉발한 것이다.

일부 단체가 나서긴 했지만 시위를 이끈 조직이나 중앙 지휘부도 없이 단일한 구호가 전 세계를 뒤흔들었다. 뉴욕발 SNS 연대의 폭발력을 보여준 사건이었다.

집단의 힘을 보여줄 수 있는 개인 미디어, SNS

SNS는 여전히 '개인 미디어'로 불리며 사적 영역에서 이용되는 매체다. 맛있는 음식을 먹고 공유하고, 좋은 여행지를 소개하는 콘텐츠가 넘쳐난다. 패션, 레저, 자기계발 같은 방면에서도 SNS가 축적해가는 콘텐츠의 양은 어마어마하다. 전혀 모르는 사람들이 SNS를 통해 연결되고, 같은 취미나 취향을 공유하고 배우거나 가르치기도 한다. 그렇게 철저히 개인적 영역에서 이용되는 SNS가 사회적 이슈를 퍼뜨리고 공유하고 생각이 같은 사람들을 모으는 '네트워크'로 기능할 때, 그 위력은 상상을 초월할 정도로 강력해질 수 있다.

월드컵 응원 축제 같은 긍정적인 이슈로 SNS 네트워크가 활용되기도 하지만, 사회문제들의 경우 대부분 '사회적 분노'가 폭발하거나 이에 동참하면서 SNS를 통한 집단의 힘이 위력을 발휘한다. 그러다 보니 몇몇 국가에서는 인터넷이나 SNS를 차단하려는 시도까지 벌어지고 있다. 그러나 물리적 장벽도 모든 사람을 막지 못하는 마당에 모바일 기기를 이용한 SNS, 메일, 인터넷을 모두 차단할 방법은 없다.

'공유할 만한 가치'가 있는 정보라면 단 한 사람의 목소리가 순식간에 전 세계로 퍼져나갈 수 있는 SNS의 힘은 때로 강력한 사회적 힘의 매개체로 사용된다.

함께 거부하고 함께 응원한다, 이슈화의 보텀업

'노 재팬' 운동

한국에서 '안 사고, 안 가고, 안 입는' 일본 제품 불매운동이 시작된 건 2019년 7월이다. 일본의 경제(무역) 보복 조치에 분노한 시민들의 자발적 참여로 확산된 '노 재팬' 운동은 잠시 끓다가 시들해질 것이라는 예상을 깨고 몇 달째 지속되고 있다.

일본 맥주의 수입량은 수직 하강했고, 사케와 골프채 등도 일본산 제품의 수입이 크게 감소했다. 일본 여행객도 큰 폭으로 감소했다. 일본 정부관광국JNTO의 방일 한국 여행객 집계에 따르면 지난 9월 20만 1,200명의 한국인이 방문해 2018년 9월 47만 9,733명보다 무려 58.1퍼센트나 줄어든 것으로 나타났다.[10] 항공사들은 한-일 운항 편수를 줄였다. 한국 관광객이 주 수입원이던 일본의 지방 도시들은 정부에 대책을 촉구하는 상황에까지 이르렀다.

이렇게 '노 재팬' 운동이 광범위하게 확산된 것은 기본적으로 일본에 대한 국민 정서에 기반한 것으로 이해해야 한다. 그러나 강력한 동기가 있더라도 지속성을 담보하는 건 쉽지 않다. SNS를 통해 서로 인증하고, 공유하고, 동기를 부여하는 노력이 지속되기에 중앙의 지휘나 통제가 없는데도 지속적인 힘을 유지할 수 있는 것이다.

함께 사는 세상을 응원하는 사람들

사회적으로 굵직한 이슈들을 두고 SNS를 통해 생각을 공유하고 함께 행동하는 일들이 눈에 띄지만, 그렇게 파장이 커 보이지 않는 일들도 수없이 많다.

SNS는 부정적인 이슈에 분노를 표출하는 수단으로만 작동하지 않는다. 더 좋은 사회, 따뜻한 세상을 위해 삶을 살기로 한 사람들의 이야기도 있다. 그들의 이야기는 웬만해선 주류 언론이 다뤄줄 정도의 기삿거리가 되지 못한다. 그러나 지금은 기존 매체가 외면하거나 크게 다뤄주지 않더라도 공유할 가치가 있는 일들은 SNS, 인터넷을 타고 전파된다. 오히려 언론이 뒤늦게 이런 일들을 취재해 보도하는 경우도 흔하다.

'노 재팬' 운동도 정치권이나 언론이 이 문제를 이끌어가야 한다는 사명감을 갖고 지속성에 힘을 보탠 것이 아니다. 시민들의 자발적 참여가 놀라울 정도로 오래, 강하게 지속되면서 양국 간 교역·경제에 미치는 파장이 커졌고 역으로 뉴스가 '되어야만' 했다.

한국이 배출한 걸출한 축구선수 중 한 명인 이영표 선수는 서울 성수동의 벤처타운에 스타트업 기업 '삭스업Socks Up'을 세웠다. 사회적 가치를 추구하는 기업 임팩트스퀘어와 같이한다고 한다. 그는 기업을 세운 이유를 그동안 받은 수많은 혜택과 사랑을 나눠주는 것, 그러니까 '수혜자taker'에서 '증여자giver'로 살기 위해서라고 설명했다. 양말 등 발과 관련된 용품 사업은 '아이템'이고 사업을 통해 아프리카 등지의 가난한 아이들을 후원하고 축구선수의 꿈을 키워온 아이들에게 기회를 부여하는 일을 하는 것이 사업을 시작한 목표라고 했다.

이처럼 널리 알려지지 않았을 뿐 수많은 스타트업, 사회적 기업, 소셜벤처를 꿈꾸는 사람들이 회사를 창업하고 새로운 일에 도전하고 모험에 뛰어들며 '함께 사는 세상'을 꿈꾼다. 그런 사연들에 사람들은 감동하고 동참하고 함께하고자 나서게 되지 않을까.

흩어진 개인들을
다시 묶어내는 SNS

사적 공간에서 SNS는 친교의 장이다. 조금 더 확장해서 보더라도 비슷한 취향, 취미, 동기를 지닌 사람들이 모여 정보를 교환하고 감정을 나누는 친목클럽의 성격에 그친다. 그러나 사회문제, 공동의 이해와 정서가 매개될 때 SNS는 세대와 지역, 국경을 뛰어넘는 강력한 연대의 장으로 탈바꿈한다. 작은 연대의 경험은 더 큰 힘을 만들어내는 기반이 된다. 더 많은 연대를 만들기 위해 동시에, 여러 곳에서, 서로 모르는 사람들이 함께 움직이기 시작한다.

SNS의 양면

물론 SNS 네트워크, '시민군'이라 이름 붙여도 좋을 그 힘이 늘 좋은 방향으로만 사용되는 것은 아니다. 인터넷은 여전히 '악플'의 온상으로 지탄받고 있고, 수많은 사람이 오염된 온라인 세계의 폭력에 신음하기도 한다. 상업적 정보가 넘쳐나고 부정확한 정보가 창궐하며 성·욕망의 배출구로 기능하는 것도 엄연한 현실이다. 그러나 다른 한쪽에서는 부정확하고 잘못된 정보들을 바로잡고 오염된 온라인 공간을 정화하려는 노력도 계속되고 있다.

오디션 프로그램으로 유명세를 탄 가수 등이 연루된 '성관계 동영상 유포' 사건이 세간을 떠들썩하게 했다. 성범죄만으로도 피해

자에게 씻을 수 없는 상처가 남겠지만, 몰카라는 이름으로 만들어진 동영상이 온 세상으로 유포될 때 더해질 피해는 상상하기조차 어렵다. 한번 유포되면 온갖 대화방, SNS를 타고 순식간에 무차별적으로 퍼져나가기 때문이다.

뜻하지 않게 자신이 소속된 단체 대화방에 이런 동영상이 올라오는 경우들이 왕왕 생기기 시작했다. 접하는 사람들의 반응은 제각각이겠지만, 불편하고 불쾌한 느낌을 받는 사람들도 덩달아 많아졌다. 꼭 법이 불법 동영상의 공유자·유포자도 처벌할 수 있다고 경고했기 때문은 아닐 것이다. 불법과 범죄를 100퍼센트 막지는 못하더라도, 그 범죄의 생산물이 세상에 버젓이 유통되는 것이 상식적인 사회의 모습은 아님을 알기 때문이다. 온라인 세상 속 개인들을 연결하는 고속도로인 SNS에서도 그런 문제의식들이 표출되고 있다.[11]

보이스카우트오브아메리카(boyscoutsofamerica)의 인스타그램에 게시된 트래시태그 챌린지 인증샷. "세상을 더 나은 곳으로 만들자"라는 코멘트와 함께 등록되었다.
ⓒ보이스카우트오브아메리카 인스타그램[12]

SNS의 순기능을 보여준 트래시태그 운동

더 나아가 SNS를 적극적으로 이용하려는 움직임도 활발하다. 미국의 아웃도어 의류회사 UCO의 황무지 보호 캠페인에서 시작된 뒤 전 세계로 확산된 '트래시태그#trashtag' 운동을 보자.

2015년 미국 시사주간지 〈타임〉에 소개된 트래시태그 운동은 국가라는 울타리를 넘어 꾸준하게 확산되고 있다.[13] 최근 부산 금정구, 서울 관악구, 속초시, 부천시 등 한국에서도 '트래시태그 챌린지' 운동이 확산되고 있으며[14] 이는 SNS의 순기능을 보여주는 예로 소개되고 있다.[15]

SNS는 세계시민을 하나의 네트워크로 끌어모을 수 있다

네트워크는 세상을 바꾸는 힘이 될 수 있을까? 니얼 퍼거슨Niall Ferguson은 《광장과 타워》에서 네트워크가 어떻게 권력의 기원이 됐는가를 중세부터 현재까지 역사를 고찰하며 설명했다.[16] 역사상 중요한 변화들은 각종 수평적 네트워크(광장)가 기성의 수직적 위계(타워)에 격렬히 도전하는 과정에서 발생했다는 것이다.

여전히 느슨하고 파편화된 SNS 세계가 물리적 세상을 움직이는 힘이 될 수 있으리라는 믿음은 약하다. 그러나 기후변화와 환경재앙 우려, 보편적 인권과 민주주의, 빈곤과 불평등의 세계화 같은 문제들이 SNS상의 세계시민을 하나의 네트워크로 끌어모으고 있다. 한 사람의 외침이 개인의 관계망을 벗어나 지구촌 이슈를 만들고 확산시키며, 동참을 끌어낼 수 있는 시대다. 변화를 이뤄가는 동력 중 SNS 네트워크는 어쩌면 가장 빠르고 강력한 힘의 원천으로 작동할 수 있지 않을까.

4장

포퓰리즘 뒤집어 보기:
시민의 불만족을 담아내지 못한
엘리트 정치의 종말

불안과 침체에 빠진 세계는
'마초 리더'들을 정치의
전면으로 끌어내고 있다.

포퓰리즘에 지배되기 시작한 세계를 우려하는 목소리가 높아지고 있다. 하지만 뒤집어서 보면 포퓰리즘은 절대다수의 욕구가 충족될 수 없는 사회를 지탱하게 하는 마지막 안전핀으로 기능하기도 한다. 그마저도 충족되지 않을 때, 사회는 폭동이나 시위로 점철된 불안정 상태 외에 더 나아갈 길이 없을 것이기 때문이다. 포퓰리즘 시대란 '대중의 욕구 분출과 정치의 수렴 현상'이고 민주주의, 평등·보통선거권 제도가 만들어낸 불충족 사회의 자화상이다.

포퓰리즘은 엘리트 정치가 소외시킨 대중의 반격이다

포퓰리즘은 흔히 '대중 추종', '인기 영합'이라는 말로 풀이되며 부정적인 뉘앙스가 강하다. 사람들이 좋아할 만한 것들을 채택하고 그런 방향으로 정책을 꾸려가는 것을 포퓰리즘 정치라고 하는데, 그 '인기 있는' 정책이라는 것이 보통 시혜성 복지나 돈을 푸는 정책들을 뜻하기 때문일 것이다.

포퓰리즘의 사전적 의미

조금 더 정중한 해석을 찾아봤다. 케임브리지 사전에서는 포퓰리즘을 '보통 사람들의 요구와 바람을 대변하려는 정치사상과 활동'이라고 정의하고 있다.[17] 이 정의에 따르면 포퓰리즘이라는 말 자체에 부정적 의미가 담긴 것으로 보이진 않는다. 반면, 국내 포털 사이트에서 '포퓰리즘'을 찾아보면 다른 갈래의 해석이 등장한다. 고려대한국어대사전이 제공한 포퓰리즘의 뜻은 '일반 대중의 인기에 영합하는 정치 형태. 대중을 동원하여 권력을 유지하는 정치 체제로 대중주의라고도 하며 엘리트주의와 상대되는 개념'이라고 정의되어 있다. 우리말샘의 해석은 '인기를 좇아 대중을 동원하여 권력을 유지하려는 정치적 태도나 경향'이다. 둘 다 부정적 뉘앙스가 강하다.

포퓰리즘이 부정적으로 인식되는 이유

포퓰리즘을 부정적인 정치적 행동이나 사상으로 보는 시각은 '우매한 대중, 이익에 탐닉하는 대중'을 전제로 한다. 복잡한 세상의 구조나 미래를 생각할 수 없는 무지몽매한 대중이 눈앞의 혜택을 요구하고, 이를 추종해 권력을 획득하고 유지하는 것을 포퓰리즘이라고 보는 것이다. 미래를 내다보고 다양한 세상의 이해관계를 조정하는 정치가 '좋은 것'이고 이런 정치는 대중의 요구에 휘둘리지 않는 '엘리트'의 몫이라는 생각이 지배할 때, 포퓰리즘이 인기추종주의로 해석되는 것이다.

하지만 정말 그럴까? 현대 사회의 대중이 더 파괴적이고 우매한 군중이 되어 정치를 나락으로 떨어뜨리고 있는 것일까?

혁명을 통해 탄생한 정권이 아닌 이상, 포퓰리즘은 선거로 뽑힌 권력의 정치적 행위를 통해 드러난다. 만 18~19세가 되면 누구나 선거권을 갖게 된 것이 오래된 일은 아니지만 아주 최근의 일도 아니다.[18] 민주주의, 그리고 직접·보통선거제도가 도입된 것은 나라별로 100년이 넘기도 하고 적어도 수십 년 전에 도입된 경우가 대부분이다.

정치와 권력이 대중의 요구를 수렴하든 추종하든, 그렇게 해야 하는 이유는 다수 시민·국민이 권력을 결정할 권한을 갖고 있기 때문이다. 권력을 결정하는 힘이 이동하면서 나타난 것이 제도적으로 민주주의–보통선거이고, 정치 현상으로는 포퓰리즘 현상으로 나타나고 있는 것이다. 문제는 대중의 목소리가 정치에 크게 투영되는 포퓰리즘이 왜 최근에 와서 그렇게 강력한 흐름이 되었는가이다. 2010년 전에도 직접선거로 권력이 선출되는 나라가 대부분이었고 2000년 이전에도 그랬다. 그러나 포퓰리즘 강화 현상은 2000년대 들어서 부상하기 시작해 최근 들어 뚜렷한 국제적 현상이 되고 있다. 왜 유권자들은 더 정치에 목소리를 높이기 시작하고, 정치인들은 그런 대중의 요구에 끌려다니기 시작했을까?

언론이라는 또 다른 권력

어느 나라든 다수 대중이 교육의 혜택을 받지 못하던 시기에는 '엘리트 정치'가 강력한 기능을 발휘했다. 법과 제도를 만들고 사회를 유지하는 데 필요한 것들을 고안하고 실행하는 역할은 뛰어난 엘리트들의 몫이었고, 그들은 대중을 설득할 수 있었다. 그러나 교육 기회의 확대는 일반 시민의 정치참여 기회를 확대했고, 이와 함께 보다 민주적인 제도들이 도입됐다.

그러나 민주주의 시대에 와서도 언론이라는 창구를 통해 세상을 이해할 수밖에 없었던 시기에는 대중이 세상의 모습을 정확히 이해하는 데 한계가 있었다. 언론이라는 게이트키퍼를 통해 전달되는 정보가 세상의 모습을 규정하고 여론을 형성하는 데 막대한 영향을 미쳤기 때문이다. 어느 나라든 민주화 운동기와 언론자유 투쟁사가 함께 진행된 것은 우연이 아니다. 엘리트 정치인이자 기득권 세력이 된 그들은 언론을 적절히 통제하거나 정보를 통제하는 방식으로 세상을 지배하려 했고, 시민들은 그에 맞설 만한 정보가 부족한 데다 연대를 통해 힘을 모을 수단도 마땅치 않았다.

온라인이라는 새로운 세상의 도구가 발명된 이후, 보통 사람들이 세상을 이해할 수 있는 수단이 크게 확장됐다. SNS 시대로 넘어오면서는 정보의 홍수 시대가 됐다. 누구든 관심만 있다면 전문가 못지않은 정보를 습득·이해할 수 있고, 시민들이 서로 공유하고 설득할 수 있는 네트워킹도 가능해졌다. 정보가 소수의 전유물

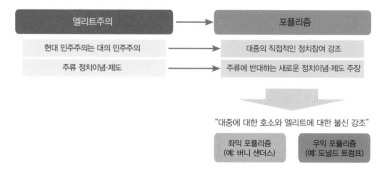

엘리트주의가 대중을 외면한 대가, 포퓰리즘

엘리트주의	→	포퓰리즘
현대 민주주의는 대의 민주주의	→	대중의 직접적인 정치참여 강조
주류 정치이념·제도	→	주류에 반대하는 새로운 정치이념·제도 주장

"대중에 대한 호소와 엘리트에 대한 불신 강조"

좌익 포퓰리즘 (예: 버니 샌더스)	우익 포퓰리즘 (예: 도널드 트럼프)

에서 다수의 공유물로 바뀌면서 권력을 둘러싼 힘의 대립 구조가 바뀌기 시작했다.

　포퓰리즘은 정치(엘리트)가 자신들의 논리로 더는 대중을 설득할 수 없을 때 나타난다. 그리고 불공정과 불평등이 심화된 시대로 접어들면서 더 강화된다. 저성장 경제가 보편적 현상이 되고 부의 양극화가 촉진되면서 여러 나라에서 극우나 극좌 정치인들이 선거에서 당선됐다는 소식들이 들려온다. 예외 없이 그 사회 내에 '쌓인 것'이 많은 나라들이고, 사람들의 내면에 축적된 불만이 '해소되지 못했기 때문'에 그런 결과가 나오는 것 아닐까.

포퓰리즘의 결과는
소셜임팩트 수준에 따라 달라진다

현실 정치에서 포퓰리즘은 다양한 국가에서 각기 다른 형태로 출현하기에 한마디로 정의하기 어렵지만, '대중에 대한 호소와 엘리트에 대한 불신 심화'라는 공통점을 보인다. 기득권 세력이 된 엘리트들을 대중이 더는 믿지 않을 때 포퓰리즘 정치가 발호할 공간이 생겨나기 때문이다.

포퓰리즘은 새로운 정치가 임박했다는 신호다

최근 전 세계적으로 포퓰리즘이 성행하는 이유는 세 가지 정도로 분석된다. 2008년 글로벌 금융위기 이후 해소되지 않고 있는 경제적 불안감과 테러 확산에 따른 안전 불안감, 이민자와 난민의 증가로 사회적 불안감이 고조됐다는 점이다.

유럽의 포퓰리즘 정당들은 각국 국민의 삶의 어려워진 원인으로 난민을 지목하고, 난민 유입에 긍정적인 정부에 반대하는 행동을 촉구하고 대중 여론을 규합한다. 미국의 트럼프 대통령도 불안의 원인으로 멕시코 이민자를 지목하고 멕시코 국경에 장벽을 건설할 것을 강하게 주장했다. 그뿐만이 아니라 미국의 경제적 불안이 오바마 행정부의 무역 정책 때문이라면서 자유무역주의 폐지를 정책화하고 있고, 테러 확산의 배후로 무슬림을 지목해 무슬림 입국 금지 정책을 관철했다.

이렇게 포퓰리즘이 미국과 유럽을 비롯해 전 세계적으로 확산되는 현상에 대해 많은 정치학자 및 언론이 관심을 기울이고 있다. 포퓰리즘의 성행은 그 자체로 '정치의 위기'를 드러내는 신호이고,

새로운 정치이념과 제도가 만들어지는 과정이라는 전환기적 의미가 담겨 있기 때문이다. 포퓰리즘이 성행하는 것은 기존의 정치이념과 제도가 더는 정상 기능을 발휘하기 힘들다는 것을 반증하는 동시에 새로운 정치이념과 제도의 출현이 임박했다는 전조이기도 하다.

정치 흐름에 주의를 기울여야 한다

포퓰리즘이 그 자체로 긍정적이거나 부정적인 것은 아니다. 긍정과 부정 어느 쪽으로도 전개될 수 있다. 확산되는 포퓰리즘 정치가 어떤 측면으로 전개되느냐에 따라 세계 질서가 지금과 완벽히 다른 모습을 보일 수도 있다.

포퓰리즘의 역사를 살펴보면 포퓰리즘적 정책이 주류 정치에 수용되어 정치이념과 제도가 변경되는 과정이 반복되어왔다. 현재의 포퓰리즘 역시 동일한 과정을 거쳐 새로운 정치이념과 제도를 탄생시킬 가능성이 있다. 그러나 부정적인 측면으로 작동한다면, 대중의 이름으로 행해지는 극단적 대안이 사회 갈등을 더 부추길 수 있다.

역사적으로 볼 때, 오랜 기간 많은 사회적 비용을 지불한 이후에야 다수의 횡포 속에 소수자의 인권과 권리가 무시되어서는 안된다는 사회적 합의를 이뤄냈다. 지배-주류 세력의 신념과 이익에 반하지만 인권은 누구나 평등하게 누려야 한다는 상식이 정치와

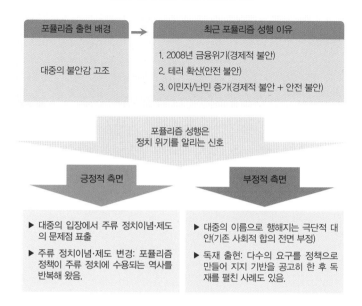

포퓰리즘의 출현 배경과 성행의 이유

포퓰리즘 출현 배경	→	최근 포퓰리즘 성행 이유
대중의 불안감 고조		1. 2008년 금융위기(경제적 불안) 2. 테러 확산(안전 불안) 3. 이민자/난민 증가(경제적 불안 + 안전 불안)

포퓰리즘 성행은
정치 위기를 알리는 신호

긍정적 측면	부정적 측면
▶ 대중의 입장에서 주류 정치이념·제도의 문제점 표출 ▶ 주류 정치이념·제도 변경: 포퓰리즘 정책이 주류 정치에 수용되는 역사를 반복해 왔음.	▶ 대중의 이름으로 행해지는 극단적 대안(기존 사회적 합의 전면 부정) ▶ 독재 출현: 다수의 요구를 정책으로 만들어 지지 기반을 공고히 한 후 독재를 펼친 사례도 있음.

제도를 바꾼 것이다. 대중의 상식에 기반한 '보편적 인권 보장' 요구가 정치 과정을 통해 수용돼 제도를 변화시킨 긍정적 방향의 수용 정치의 예가 될 것이다.

반대 방향의 위험한 흐름은 다수 대중의 요구를 정책화하면서 지지기반을 공고화하고, 이를 바탕으로 독재정치가 부활하는 경우일 것이다. 독일의 히틀러와 이탈리아의 파시스트 이후 포퓰리즘 독재만 봐도 위험성을 보여주는 사례로는 충분하다. 현재 전개되는 포퓰리즘 정치가 어떤 방향으로 흘러가는지 주의 깊게 바라봐야 하는 이유가 될 것이다.

소셜임팩트와
포퓰리즘

그렇다면 소셜임팩트는 포퓰리즘과 어떻게 조응할까. 부의 크기나 교육 수준과 무관하게 참정권이 모든 사람에게 주어진 이상 다수 시민, 대중이 요구하는 방향으로 정치가 끌려가는 것은 어쩌면 당연한 현상이다. 소비 트렌드가 바뀌면 기업이 그 흐름에 따르듯, 정치도 유권자들의 요구에 부응할 수밖에 없다. 문제는 발전적인 방향, 미래를 생각하는 정책과 정치를 끌어낼 정도로 시민들이 합리적 공론을 형성할 수 있느냐, 그리고 정치가 이런 변화의 기류를 민감하게 포착하고 빠르게 대응할 수 있느냐다.

포퓰리즘에 대한 시민의식 조사

입소스가 수행한 '포퓰리즘에 대한 글로벌 시민의식' 조사에 따르면 '국가를 부자와 권력층으로부터 되찾으려면 강력한 지도자가 필요하다'라는 항목에 동의하는 비율이 64퍼센트로 나타났다. 한국의 동의율은 세계 평균과 같은 64퍼센트였다. 인도, 멕시코, 페루, 브라질에서는 동의율이 70퍼센트를 넘었고, 일본, 스웨덴, 독일은 50퍼센트 미만이었다. 같은 조사에서 '전통적인 정당과 정치인은 '나' 같은 사람은 신경 쓰지 않는다'라는 항목에 동의한 비율은 조사 대상 26개국 평균이 66퍼센트였고, 한국은 64퍼센트가

'국가를 부자와 권력자로부터 되찾으려면 강력한 지도자가 필요하다' 주장 동의 여부

(단위: %)

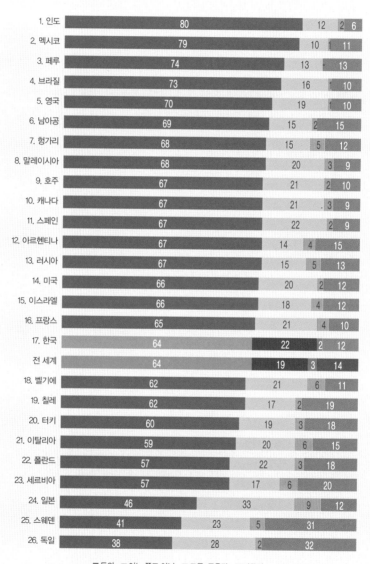

	동의	어느 쪽도 아님	모름, 무응답	비동의
1. 인도	80	12	2	6
2. 멕시코	79	10	1	11
3. 페루	74	13	-	13
4. 브라질	73	16	1	10
5. 영국	70	19	1	10
6. 남아공	69	15	2	15
7. 헝가리	68	15	5	12
8. 말레이시아	68	20	3	9
9. 호주	67	21	2	10
10. 캐나다	67	21	3	9
11. 스페인	67	22	2	9
12. 아르헨티나	67	14	4	15
13. 러시아	67	15	5	13
14. 미국	66	20	2	12
15. 이스라엘	66	18	4	12
16. 프랑스	65	21	4	10
17. 한국	64	22	2	12
전 세계	64	19	3	14
18. 벨기에	62	21	6	11
19. 칠레	62	17	2	19
20. 터키	60	19	3	18
21. 이탈리아	59	20	6	15
22. 폴란드	57	22	3	18
23. 세르비아	57	17	6	20
24. 일본	46	33	9	12
25. 스웨덴	41	23	5	31
26. 독일	38	28	2	32

자료: 입소스 글로벌 2019년 4월 조사

'그렇다'고 답했다.

복지 · 교육 · 분배제도가 발달한 나라에서는 '포퓰리즘 독재형' 지도자를 기대하는 여론이 낮고 반대 국가들에서는 그런 여론이 높다는 흐름이 나타났지만, 전 세계의 일반 시민들이 기득권층에 대해 느끼는 박탈감이 상당한 수준이라는 걸 보여주는 결과다. 이런 문제에 정부와 정치가 어떻게 대응하고 시민들이 어느 방향으로 공론을 모아갈 수 있느냐가 한 나라의 다음 수년에서 수십 년의 정치를 좌우하게 된다.

변화의 욕구를
어떤 방향으로 묶어낼 것인가

문제는 '변화'의 욕구를 묶어내는 힘의 방향이 될 것이다. 기존 정치 시스템이 기득권과 구체제를 수호하려고 완강하게 버티는 동안 시민사회라는 이름으로 형성되는 여론의 흐름이 결국 정치의 방향을 결정한다. 각종 노조나 이해단체, 이익집단들의 힘이 큰 사회와 사회적 연대 및 공존 · 공생을 위해 노력하는 네트워크 연대의 파워가 커진 사회의 선택지는 달라질 수밖에 없다. 보통 사람들에게 둔감한 정치도 선거 시기가 되면 사회 전체의 움직임에 촉각을 곤두세운다.

영국의 브렉시트 결정, 그리고 2019년 5월 있었던 유럽의회 선거의 극우 정당이나 포퓰리즘을 표방한 정치 세력이 약진한 결과에 모두가 주목했다.[19] 글로벌 투자은행 JP모건은 포퓰리즘이 강화되는 국제 정치 흐름과 경제적 파장을 분석하면서 "글로벌 금융위기 이후 지난 10년간 유럽과 북중남미 등 7개국에서 포퓰리즘 세력이 선거에서 승리했으며, 극단적 주장을 앞세우는 포퓰리즘에 대한 선호가 커질 것"이라고 전망했다.[20]

또한 〈블룸버그Bloomberg〉는 최근 '새로운 경제 동력과 위협'이라는 리포트에서 고용과 산업 생산, 민간 소비 등 전통적인 성장 엔진을 축으로 한 주요국의 명암이 새롭게 등장한 리스크 요인 탓에 크게 달라질 수 있다는 의견을 내놓았다.[21]

이 보고서에서 블룸버그는 비전통적 리스크 요인에 대한 저항력에 따라 주요국 경제의 중장기적 희비가 기존 예상과 크게 달라질 것으로 예측했다. 보호주의 정책, 디지털 및 IT기술의 진화, 로봇을 중심으로 한 자동화 시스템, 기후변화, 포퓰리즘 등 다섯 가지를 기존 질서를 뒤흔들 요인으로 지목하고 이 다섯 가지 변수에 대한 각국의 저항력을 평가했다. 한국은 15위였고 1위는 뉴질랜드였으며 이어 호주, 스웨덴, 핀란드, 덴마크 순이었다. 중국은 50위, 미국도 27위에 그쳤다.

포퓰리즘 한 가지만을 분석한 것은 아니지만 나머지 요인들에 대한 대응 능력에 따라 포퓰리즘의 강도와 방향이 결정될 수 있다는 점에서 '포퓰리즘 대항력'이라고 한다 해도 크게 달라질 것으로 보이지 않는다. 기술의 진화가 위기요인으로 작동하고, 자본주의 고도화가 새로운 위기를 야기하는 흐름에 얼마나 적절히 대항할 수 있느냐가 중요하다는 것이다. 위기의 심화는 대중이 한쪽으로 쏠리게 만든다. 너무 기울어서 복원하기 힘들 때 사회는 분열되고 국가, 정치의 저항력은 떨어질 수밖에 없다. 극단적 포퓰리즘에 휘둘리지 않으려면 정치가 빠르게 변해야만 하는 것이다.

현실 정치에 변화를 일으킨 작은 행동

포퓰리즘을 달리 표현한다면 '소셜임팩트가 내재된 거대한 정치 조류의 한 갈래' 정도로 말할 수 있지 않을까. 불평등과 기후변화 등 미래의 위기 요인들에 어떻게 대응할 것인가에 더 많은 시민이 관심을 기울이고 행동에 나설 때, 포퓰리즘은 긍정적인 방향으로 정치를 '이끌어갈' 수도 있다.

실제 극우 포퓰리즘 정당에 대한 관심과 우려가 높아지는 한편, 다른 쪽에서는 녹색당이나 동물당 같은 정반대의 세력이 힘을 키워가고 있다.

2019년 5월에 치러진 EU의 28개 회원국이 참여한 유럽의회 선거에서 녹색당 정치그룹은 9.85퍼센트를 득표해 전체 751석 가운데 74석을 차지하며 약진했다.[22] 그 기사에서는 오스트리아 총선에서 녹색당이 14퍼센트를 득표해 제4당 자리를 차지했다는 소식도 같이 전했다. 언론은 '툰베리 효과'라고 분석했다. 기후변화에 대응하는 행동을 촉구한 한 여학생의 움직임이 세계 청소년들의 동참을 넘어 현실정치의 변화를 끌어내고 있는 것이다.

대중과의 공감대가 필수적이다

녹색당이든 포퓰리즘 정당이든 이런 새로운 정치 세력이 부상할 때의 공통점은 '엘리트 정치가 소외시킨 대중의 욕구와 맞닿는 지점'을 확보한 경우 일어난다는 점이다. 절대 빈곤층이 다수가 되고 먹고사는 문제를 해결하라는 목소리가 큰 사회에서 복지 포퓰리즘 정당이 집권하는 것은 당연한 귀결이다. 나라 곳간이 비워지든 국가 부도가 어느 미래에 닥치든 그건 나중의 일이다. 당장 눈앞의 숙제가 커졌을 때 미래를 생각할 여유는 턱없이 적어진다. 불평등 구조에 분노한 대중이 다수인 사회에서 부유세, 초부유세, 토지 공개념 같은 급진 정치는 '상식의 정치' 영역으로 자리를 옮겨 앉는다.

이민자나 개도국 지원 문제처럼 화살을 외부로 돌릴 공간이 있는 나라에서는 보호무역과 폐쇄주의가 득세할 것이다. 내부 사회구조를 상당히 안정시킨 나라에서도 환경보호, 미래 사회 같은 외적 변수에 적극 대응해야 한다는 목소리가 높아질 것이다. 지구적 문제거나 사회 내의 문제거나 대중은 지금까지와 다른 정치를 요구하고 정치는 '대중과의 최대 공감대'가 형성되는 지점으로 달려갈 것이다.

포퓰리즘은 잘못된 것이라는 진단과 지적으로 그 흐름을 막을 수는 없다. 이미 대중은 '자신들을 위한' 새로운 정치를 찾고 기대하기 시작했다. 포퓰리즘이 문제가 아니다. 본질은 절대다수의 소외된 시민을 푸대접해온 정치다. 지속가능한 사회와 경제를 위해 필요한 것들을 찾아 행동을 시작할 때 포퓰리즘과 정치는 좋은 네트워킹이 가능하다. 외면하고 피하다가 여론과 군중의 힘에 밀려 등장하는 포퓰리즘이 계획성 있는 장기 정책들을 추진하기는 어려울 것이다.

둔감으로 일관해온 정치는 하루아침에 거대한 변화의 태풍 앞에서 침몰할 가능성이 크다. 예민한 감성과 공감의 감수성을 지닌 정치로 변화해야 포퓰리즘 속에 담긴 긍정적 변화의 핵을 찾아내고 합의를 찾아가는 좋은 정치가 가능할 것이다.

2020 총선, 대한민국 유권자는 어떤 정치를 선택할까

2020년 4월 대한민국에서도 국회의원 선거가 열린다. 2016년 한국 사회를 뜨겁게 달군 광화문 촛불집회와 대통령 탄핵 사태는 초유의 조기 대선을 만들어냈고, 당시 대선의 화두는 지금도 많은 사람이 기억하고 있다.

나라다운 나라를 꿈꾼 유권자들

광화문 광장에 모인 시민들은 "이게 나라냐"라고 외쳤고 당시 후보였던 문재인 대통령은 '나라다운 나라'를 선거 구호로 내걸었다. 당시 흐름으로는 전혀 이상하게 들리지 않았지만 가만히 들여다보면 선거라는 판에서는 보기 드문 낯선 문법이다. '소득 3만 달러 시대', '4퍼센트 경제성장', '국민행복 국가' 같은 말들로 도배되던 시대에서 한참 뒷걸음을 친 것 아닌가. 2017년 대선에서는 비정상적 국정운영과 사회상을 그대로 둘 수 없다는 시민들의 외침에 '기본이 바로 선 나라'를 내건 문재인 후보가 당선됐다.

그리고 3년이 지난 후 대한민국은 어떻게 바뀌었을까. 임기 반환점에 이른 정부의 성과를 평가하기는 아직 이르다. 공과에 대한 평가가 상반되는 부분도 많다. 그러나 여전히 정치에 대한 불신은 바닥을 뚫고 내려앉은 상태이고, 국민들의 행복감도 그리 크게 더해진 것 같지는 않다. 청년 세대의 불안과 불만은 증폭되기만 하고, 양극화와 불평등 구조도 개선되지 않았다. 경제와 외교, 복지 전 분야에서 개혁은 더디고 저항은 강하다. 지난 두 번의 정권을 위임받은 보수 세력이 내부 분열·갈등과 최서원(최순실) 사태로 대통령 탄핵이라는 사태까지 겪으며 몰락했다면, 그 뒤 정권을 인계받은 진보 세력은 '조국 사태'라고 불리는 사건을 통해 진보의 정체성과 도덕성 논란을 야기하며 힘겨운 시간을 보내고 있다. 그런 시간이 중첩된 속에서 2020년 총선 시계는 쉼 없이 돌아가고 있다.

정치가 우리 삶에 어떤 영향을 줄까

국민의 시선으로 돌아와 보자. 경제성장과 안보라는 화두를 안고 오랜 기간 집권 세력을 이어온 자칭 자유민주주의 세력(보수)과 민주주의와 통일이라는 깃발을 들고 정권 탈환에 성공한 자칭 민주진보 세력(진보)이 교차 집권하는 시간을 국민들은 경험했다. 현재의 삶과 미래가 바뀌었을까. 보통 사람들, 서민이라 불리고 스스로도 그렇게 부르는 사람들의 생활은 어느 쪽에서 정권을 잡든 그다지 변하지 않았다. 시간이 흐를수록 불공정과 불평등은 심화되고, 기득권층의 대물림 구조는 공고해졌으며, 계층 이동 사다리는 약해지거나 부러졌다.

한국 사회의 계층 이동 사다리가 붕괴됐다는 보고는 여러 곳에서, 여러 측면에서 분석·보고되고 있다. 교육 대물림, 자산 대물림과 편중 등 통계 자료로 확인되는 것만으로 모자라 기득권 자체가 대물림되면서 사회문제로 대두되고 있다. 〈경향신문〉은 '환승 어려워진 계층 순환버스'라는 제목의 기사에서 1990년대생들이 성장기 모든 단계에서 겪는 불평등과 계층 칸막이가 어떻게 작동하고 있는지를 분석 보도했다.[23] 사교육과 대학입시, 취업, 자산 형성 등 모든 과정에서 계층 이동 사다리가 사라지면서 '태어날 때 정해진 계층(계급)이 대물림으로 순환되는 구조로 접어들었다'는 것이다.

최저시급 인상이나 양육·보육수당으로 해결되지 않는 구조적 문제가 이미 수면 위로 드러난 것이 세계 최고의 저출생율을 기록하는 한국 사회의 현실이다. 그런데도 정치가 청년 세대의 문제, 미래 한국의 문제, 초고령 사회가 짊어져야 할 복지 감당의 문제를 진지하게 논의하는 모습은 보이지 않는다. 정치, 정당인들은 여전히 변하지 않는 것 같고 극단적 대립과 갈등만 빚으면서 자신들의 기득권을 내려놓지 않고 있다. 유권자도 덩달아 자신이 지지하는 진영의 논리를 맹목적으로 옹호하며 상대를 비난하고 적으로 돌리는 일을 서슴지 않는다.

그렇게만 보면 한국 정치의 미래는 암울하다. 선거라는 것이, 결국 아무것도 달라지지 않을 미래를 놓고 누가 권력을 잡느냐라는 권력 쟁취 게임 이상의 의미를 지닐 수 없기 때문이다. 유권자들은 그런 정치를 그대로 수용하고, '차선도 아닌 차악을 선택해야 하는 정치'를 그대로 두고 볼 것인가.

정치권이 외면하고
보지 못하는 것들

정치에 대한 불신은 파격적인 변화로 나타난다. 프랑스의 마크롱 혁명이나 미국의 트럼프 대통령 당선을 비롯해, 비정치인이 혜성처럼 등장해 권력을 쟁취하거나 극단적인 주장을 내건 정치인들이 당선되는 사례들이 늘어나고 있다.

새로운 정치에 대한 갈망

한국은 예외일까. 이미 2011년 '안풍'이라 불린 안철수 현상에서 대한민국 국민이 얼마나 새로운 정치를 갈망하고 있는지는 충분히 드러났다. 새 정치에 대한 기대를 그대로 끌어가지 못하고 기존 정치 시스템에 기대면서 안풍은 '미풍'에 그쳤지만, 그것은 정치인의 문제이지 유권자가 바뀌었기 때문이 아니다.

선거 때마다 유권자들은 새로운 정치에 대한 갈망을 표출했다. 그러나 선거제도를 비롯해 제도권 정치의 틀을 만드는 권한까지 모두 장악한 기성 정치권의 힘은 여전히 막강하다. 그들이 새로운 정치의 발호를 가로막고 그들만의 리그를 유지하는 데 성공한 것이 지금까지 한국 정치와 선거의 모습이다.

지금 2020년 선거를 예상하라고 하면 대부분 전문가, 정치인들은 과거와 크게 다르지 않은 전망을 내놓을 것이다. 정치 지형, 민심의 변화를 두고 지금의 더불어민주당과 자유한국당으로 대표되는 거대 정당 간 의석 분포가 어떻게 변화할 것인가 정도를 예상하는 것에서 더 나가지 않는다. 그러나 유권자들의 생각과 기대를 읽는 정치인들이 등장한다면, 선거판은 짧은 시간에도 전혀 다른 모습으로 바뀔 수 있다.

2020년 선거를 앞두고 보수와 진보 양 진영에서 기성 정치의 한계를 지적하며 정치판을 떠나거나 불출마를 선언하는 사람들이 늘어나고 있다. 자신을 지지해준 유권자의 기대에 부응하지 못했고, 스스로 믿었던 정치의 가치를 실현할 수 없었다는 고백과 함께 지금의 자리를 벗어나는 정치인들의 이야기는 공통점을 갖고 있다. '아무것도 이룰 수 없는 정치의 벽을 실감했다'라는 것이 그것이다.

그들의 고백 탓에 절망스러울까? 그렇지 않다. 그렇게 진영논리와 기득권 정치를 벗어날 수 있다는 것이 실증될 때, 유권자들 역시 기존 정치의 어느 한쪽을 택해야만 하는 구태에서 벗어날 수 있음을 자각하게 된다. 그리고 이런 움직임은 새로운 정치를 탄생시키는 토대가 될 수 있을 것이다. 절대다수 국민의 현재 삶과 미래 희망에 아무것도 건네주지 못하는 정치에 국민이 더는 기대할 것이 없어질 때, 새로운 정치가 탄생할 환경은 극대화되는 것이다.

다수 국민의 목소리에 귀 기울이는 정치

2019년 가을 대한민국은 '공정'과 '정의'란 무엇인가를 놓고 치열한 논쟁을 벌이기 시작했다. 가치 논쟁은 개념 논쟁으로 끝나지 않을 것이다. 공정과 정의의 가치를 내걸고, 우리 사회의 현실과 미래를 진단하며 정의롭고 공정한 사회로 가는 방안을 제시하는 '누군가'가 최종 승자가 될 수도 있지 않을까.

그렇게 선거판이 짜일 때 진짜 유권자에 의한 정치 혁명이 가능할 것이다. 그 주인공이 현재 주류 정당과 유력 정치인들 속에서만 나오라는 법도 없다. 프랑스 마크롱, 미국 앤드루 양의 소식은 실

시간으로 한국의 유권자들에게도 도달하고 있다. 정치도 정치인
도 '직구直購, direct purchase'할 수 없는 현실에 절망하는 유권자들에
게 어필하는, 사회개선을 목표로 내건 정치인이 혜성처럼 등장하
지 말란 법도 없지 않은가.

포퓰리즘? 눈앞에 당근을 내주는 포퓰리즘은 지속가능하지 않
다. 사람들은 곧 눈치를 채고 오답을 내놓은 정치를 외면하게 될
것이다. 보통 사람들과 소통하고 그들의 이익에 충실할 때 포퓰리
즘은 악이 아니라 선한 사회개선의 동력으로 작동할 수 있다. 무엇
이 정답이고 무엇이 필요한가는 이미 나와 있다. 정치가 이것을 외
면하면서 못 본 척하고 있을 뿐이다. 그런 정치를 유권자들이 외면
하기 시작했다. 소리 높이지 않는 다수의 목소리를 듣는 정치가 승
리하는 날이 올 것이다. 2020년이 아니라면 그다음이라도.

소셜임팩트는
더는 미룰 수 없는 선택이다

비즈니스 영역의 소셜임팩트가 사회 변화와 뚝 떨어져 전개될 수
는 없다. UN이나 OECD 같은 국제기구들이 '기업의 사명'에 주목
하는 것은 기업이 사회변화에 직접적인 영향을 미치고 있기 때문
이다. 역으로, 국제기구와 각국 정부·정치도 소셜임팩트의 흐름
을 외면할 수 없는 현실에 직면해 있다. 과거처럼 기업과 소비·근

로소득에서 세금을 거둬 인프라나 교육, 치안 같은 행정에 주력하는 것으로 정부의 역할이 끝나지 않는다. 전통적 시장 논리에 충실하든 수정 자본주의를 옹호하든, 정치권은 불평등과 계급사회 문제가 초래한 사회 불안정과 변혁의 흐름에 올라탄 형국이다.

지금 지구촌 현실에서 가장 상징적인 위기 두 가지를 꼽으라면 기후변화와 불평등이 아닐까. 이탈리아의 베네치아가 온통 물에 잠긴 모습과 아프리카 지역의 심각한 사막 확대화 모습을 사람들은 먼 나라의 이야기로 느끼지 않는다. 베네수엘라 사태나 칠레의 유혈 시위가 극심한 빈부 격차와 불평등에서 시작된 것임을 세계 시민들은 알고 있다. 세계에서 가장 심각한 한국의 저출생 원인은 '자식을 낳아 제대로 기를 수 없다'고 느끼는 불안에서 시작된다. 아무리 출산장려금을 주고 양육 보조 성격의 수당을 신설해도 당장 안정된 삶을 꾸릴 기반과 미래에 대한 희망을 붙잡을 수 없는 청년 세대가 안심하고 자녀를 낳을 수는 없는 일이다.

소셜임팩트는 기업들만 주목해야 할 현상이 아니다. 정부와 정치인들은 사회가 현재 어느 지점에 와 있고 미래는 어떻게 흘러갈 것인지를 직시해야 한다. 눈앞의 이익과 기득권에 매몰돼 변화의 흐름을 외면할 때 도도하게 이어져 오던 권력은 속절없이 내팽개쳐진다는 것이 이미 여러 나라에서 입증되고 있다. 소비자이면서 유권자인 시민의 힘이 사회의 앞날을 결정한다. 시민의 합의가 어느 방향으로 뻗어 가느냐가 사회의 내일을 결정한다. 함께 사는 사회, 미래 세대가 살아갈 수 있는 사회를 위해 필요한 것들을 모아 낼 수 있을 때 시민의 힘으로 정치와 정부를 바꿀 수 있다. 작은 이익들이 충돌하고 만인에 대한 만인의 투쟁 상황을 극복하지 못한 다면 어느 한쪽이 모든 것을 독점하고 벼랑 끝으로 달려가는 암울 한 현실의 그늘이 더 짙어질 것이다. 지구와 사회 모두 더는 미룰 수 없는 선택의 갈림길에 와 있다.

SOCIAL IMPACT

에필로그

바로 눈앞에 다가온
파도

"예전에는 말이야…, 나 때는 말이야…, 내가 해봐서 아는데…"라
는 말들이 점점 자취를 감추고 있다. 요즘 그런 말을 하면 '꼰대스
럽다'는 소리를 듣는다. 누군가는 예전과 다른 자식들, 청년 세대
를 보면서 개탄할지도 모른다. '성공'이 목표인 길을 열었던 과거
의 경험과 지식을 무시하는 요즘 세대를 보며 낙담할 수도 있다.

그러나 '예전에는…'이라는 문법의 효용성이 사라진 것은 요즘
젊은 세대가 이른바 '싸가지'가 없어서가 아니다. 실제 과거의 문
법이 적용되지 않을 정도로 세상이 빠르게 변하고 있기 때문이다.
신인류로 불리는 청년 세대는 자신들의 부모와 조상들이 살아보
지 않았던 새로운 시대에 적응해야 한다. 성공하는 문법을 몸에 익

혔던 부모로부터 물려받을 수 있는 경험적 지식은 인간으로서 지켜야 할 덕목과 사랑 같은 정서적인 영역으로 축소되고 있다.

발전은 더 이상 면죄부가 아니다

그렇게 빠르게 변하는 세상은 IT · AI 혁명 같은 기술의 진화와 발전이라는 긍정적 방향으로만 흘러오지 않았다. 자본과 기술이 결합된 초超 테크놀로지 시대는 지구의 자원과 생태계를 마구잡이로 헝클어뜨렸다. 지난 20년간 그린란드 빙하는 산업혁명 이전 시기보다 다섯 배 빠른 속도로 녹아내렸고, 그 속도는 기하급수적으로 빨라지고 있다. 인간의 노동력보다 자본 · 기술과 기계의 엄청난 생산성에 의존하기 시작한 경제는 국경을 넘어 무한 확장하며 불평등을 가속화했다. 급기야 이제 세계는 상위 1퍼센트가 전체 부의 절반 가까이를 보유하는 지경에 이르렀다.

　곳곳에서 위기 경고등이 켜지기 시작했지만 외려 너무 큰 파도여서인지 한눈에 담기지 않는다. 세상은 어제와 다름없는 오늘을 맞이하고 사람들은 하루하루를 살아간다. 쳇바퀴 돌듯 돌아가는 일상은 늘 똑같아 보이고 어제 뜬 태양과 오늘의 태양은 달라 보이지 않는다. 지구 온난화? 매년 여름은 더 더워지는 것 같고 겨울은 점점 이상기온 현상이 심해질 뿐이다. 해마다 들쑥날쑥한 기후변화가 어떤 양상으로 흘러가고 있는지, 얼마나 심각한 상황인지 체감하기는 쉽지 않다.

기업은 지난달의 실적과 이달의 실적 변화에 목숨을 걸고 새로운 기술 혹은 시장을 찾아 지구 곳곳을 옮겨가며 바쁘게 움직인다. 주식 시장은 매시 매분 기업의 성적표를 쏟아내고 무한경쟁 시장은 숨돌릴 여유를 주지 않는다. 그런 생활 속에서 세상의 변화와 나의 삶이 얼마나 깊은 관계를 맺고 있는지 느끼기란 어려운 일이다.

드디어 다른 방향을 보는 사람들

그러나 지구의 생존시계가 '마감 시한'을 예고하고 불평등과 빈부 격차에 분노한 시민들이 거리로 쏟아져 나오면서 세계는 몸살을 앓기 시작했다. 일상이라는 이름으로 매몰된 삶에서 고개를 돌려 세상과 이웃, 그리고 미래를 바라보는 사람들이 늘고 있다. 그들에게 대홍수로 물에 잠긴 베네치아, 산불로 폐허가 된 호주의 숲, 멸종 위기론까지 대두된 불길에 그을린 코알라의 모습은 그냥 눈길을 주고 마는 흥밋거리가 아니다. 유빙 위에서 위태로운 생존의 길을 찾는 북극곰과 살길을 찾아 목숨을 걸고 국경을 넘는 난민들의 모습을 보며 심각한 위기가 머지않았음을 느끼는 것이다.

그리고 사람들이 변하기 시작했다. 가진 자들이 책임과 나눔을 실천하는 노블레스 오블리주noblesse oblige만으로 지금의 위기가 개선될 수 없다고 생각하는 사람들이 비약적으로 늘고 있다.

이들은 더 깨끗하고 친환경적인 제품들을 소비하고 반대의 기업에 대해 불매운동을 벌여나간다. 정부와 국제기구의 안이한 기후변화 대응을 질타하고 시민의 힘을 모아 세상을 바꾸자고 소리친다.

물론 예전에도 그런 활동들은 있었다. 소비자 단체, 환경운동가, 시민운동가들은 각자 자신들이 보살피고자 하는 영역에서 더 좋은 사회를 위해 힘을 쏟았다. 그리고 이제, 대중까지 같은 목소리를 내기 시작한 것이다.

소셜임팩트의 다른 이름은 '절박함'이다

소셜임팩트는 지구의 문제, 모든 사회의 문제가 되고 있는 환경과 윤리, 인권, 불평등 같은 이슈들이 일부 사람들의 노력으로 해결될 수 없다는 인식에서 출발한다. 직접 행동에 나서고 공유하면서 세상을 개선하지 않으면 안 된다는 절박함이 확산되고 있다. 소셜임팩트는 여럿 중의 한 가지 선택지가 아니라 모두가 동참해야 할 당장의 과제가 되었다.

기업은 당장 더 싼 제품, 기능이 개선된 제품을 내놓을 때마다 시장의 반응이 일어나는 것에만 관심을 기울여서는 안 된다. 기술 수준의 보편화로 시장의 경계가 약해진 시대에 소비자들은 기왕이면 더 좋은 기업의 제품을 소비하게 될 것이다. '나쁜 기업'이라고 낙인찍히는 순간 기업의 생존 여부는 순식간에 반전될 수 있다.

이제 정부와 정치, 기업이 대답할 차례

불평등과 격차의 문제를 외면하는 정부와 정치는 지속될 수 없다. 왜 이런 격차가 벌어지고 어떤 제도 속에 '불평등 구조'가 숨어 있는지 시민들은 이해하기 시작했다. 복잡한 사회, 다층적 이해 구조, 행정의 복잡성에 숨겨진 불평등의 구조화는 수많은 사람을 결집시켜 거리로 나오게 했다. 몇 개의 당근책으로 불만을 무마한다 하더라도 불평등 문제의 근본적 처방이 없는 한, 지금 같은 사회와 경제는 지속될 수 없다. 기업과 정부가 소셜임팩트의 문제를 함께 또 적극적으로 고민하지 않으면 안 되는 시점에 와 있는 것이다.

소셜임팩트의 조류는 지구와 사회가 맞닥뜨린 위기의 강도와 비례해서 거세질 것이다. 변화의 방향에 조응하는 정부·기업·사회의 미래와 그렇지 않은 정부·기업·사회의 미래는 완전히 다를 것이다. 손상된 지구, 불안정한 사회, 변화한 시민과 소비자에게 정치계, 정부 그리고 기업이 답을 해야 할 시간이다. 과거의 방식으로 새로운 시대에도 생존할 수 있을까. 제한된 시간 속에서 얼마간은 가능할 수도 있다. 하지만 그 제한시간이 점점 짧아지고 있다. 소셜임팩트의 시대에 어떤 답안지가 제출되느냐에 따라 우리 사회의 미래가 결정될 것이다.

48개 산업별 사회적 신뢰 브랜드

소수 전문가가 아닌
전국 1만 명 소비자가 직접 뽑은
최초의 브랜드 조사

1. 총 48개 산업별로 소비자가 직접 [사회적 신뢰 브랜드]를 선정함.
   설문 문항 : (해당 산업에 속하는 브랜드 전체를 제시한 후) 선생님이 신뢰하는 브랜드 하나를 골라 주세요. 여기서 신뢰란 선생님께서 방금까지 응답하신 '사회적인 신뢰'를 의미합니다. 잘 모르거나 사용한 적이 없더라도, 우리는 선생님의 브랜드에 대한 전체적인 인식에 관심이 있습니다. 잘 생각 해 보고 선택해 주세요. 그래도 선택할 브랜드가 없으면 '모름'을 선택해 주세요.

2. 산업별 상위 사회적 신뢰 브랜드 지수는 %로 표기함.

3. 조사 개요
   - 대상: 만 15~64세 국민
   - 표본: 산업군별 평균 2,000 표본
   - 방법: 피앰아이 온라인 패널을 활용한 온라인 조사
   - 오차: ±2.2%포인트
   - 시기: 2019년 7월 3일~17일

01　냉장고

65 — LG 디오스
26 — 삼성 세프 컬렉션

02　공기청정기

47 — LG 퓨리케어
19 — 삼성 무풍 큐브
10 — 코웨이

03　드럼세탁기

74 — LG 트롬
20 — 삼성 플렉스워시

04　에어컨

65 — LG 휘센
29 — 삼성 무풍에어컨

05　TU

60 — LG 올레드TV
36 — 삼성 QLED TV

06　청소기

54 — LG 코드제로
25 — 다이슨
15 — 삼성 제트

07   국산 세단 대형&준대형

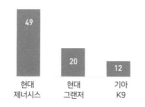

현대 제너시스	현대 그랜저	기아 K9
49	20	12

08   국산 세단 중형&준중형

현대 쏘나타	기아 K5	르노삼성 SM6
40	20	13

09   국산 SUU

현대 싼타페	현대 팰리세이드	기아 쏘렌토
27	17	13

10   수입차 세단

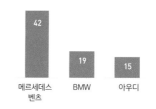

메르세데스 벤츠	BMW	아우디
42	19	15

11   수입차 SUU

메르세데스 벤츠	랜드로버	볼보
36	14	13

12   항공

아시아나 항공	대한 항공	제주 항공
35	34	10

13 **주유소 휘발유**

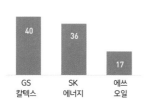

40	36	17
GS 칼텍스	SK 에너지	에쓰 오일

14 **5G 이동통신 서비스**

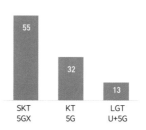

55	32	13
SKT 5GX	KT 5G	LGT U+5G

15 **스마트폰**

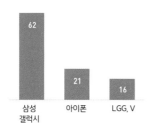

62	21	16
삼성 갤럭시	아이폰	LGG, V

16 **유료방송**

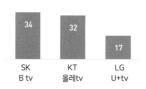

34	32	17
SK B tv	KT 올레tv	LG U+tv

17 **소셜미디어**

29	29	23
인스타그램	카카오스토리	페이스북

18 **동영상서비스(OTT)**

52	14	8
유튜브	네이버TV	옥수수

19 모바일 결재(핀테크)

20 생명보험

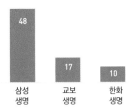

21 자동차보험

22 신용카드

23 은행

24 증권사

25

명품의류

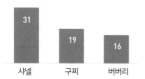

샤넬	구찌	버버리
31	19	16

핸드백

샤넬	구찌	에르메스
23	17	14

명품시계

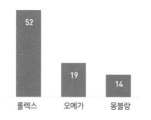

롤렉스	오메가	몽블랑
52	19	14

아웃도어 의류

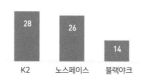

K2	노스페이스	블랙야크
28	26	14

29

스니커즈(운동화)

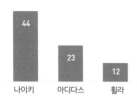

나이키	아디다스	휠라
44	23	12

럭셔리 호텔

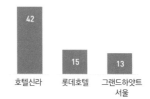

호텔신라	롯데호텔	그랜드하얏트 서울
42	15	13

31   **화장품**

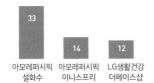

아모레퍼시픽 설화수	아모레퍼시픽 이니스프리	LG생활건강 더페이스샵
33	14	12

32   **치킨**

교촌치킨	굽네치킨	BBQ
29	14	13

33   **라면**

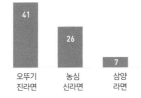

오뚜기 진라면	농심 신라면	삼양 라면
41	26	7

34   **맥주**

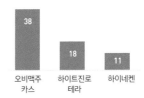

오비맥주 카스	하이트진로 테라	하이네켄
38	18	11

35   **소주**

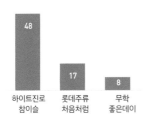

하이트진로 참이슬	롯데주류 처음처럼	무학 좋은데이
48	17	8

36   **생수**

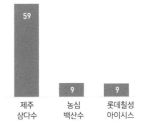

제주 삼다수	농심 백산수	롯데칠성 아이시스
59	9	9

37 백화점

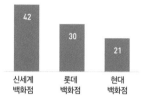

신세계 백화점	롯데 백화점	현대 백화점
42	30	21

38 TU홈쇼핑&T커머스

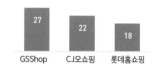

GSShop	CJ오쇼핑	롯데홈쇼핑
27	22	18

39 대형마트

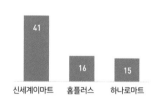

신세계이마트	홈플러스	하나로마트
41	16	15

40 편의점

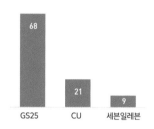

GS25	CU	세븐일레븐
68	21	9

41 면세점

신라면세점	롯데면세점	신세계면세점
33	30	17

42 슈퍼

이마트 에브리데이	GS슈퍼마켓	홈플러스 익스프레스
38	21	21

43 패스트푸드

44 배달서비스

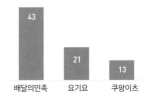

45 전자상거래

46 여행사

47 정수기

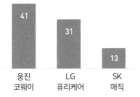

48 종합병원

주

〈프롤로그〉

1 'Is there a serious problem with coffee capsules?', 〈BBC〉 2016,02,20,, https://www.killthekcup.org/single-post/2016/02/19/Is-there-a-serious-problem-with-coffee-capsules.

2 '[특파원 리포트] 갑질 · 블랙리스트 · 성추문…악재 '백화점' 우버의 운명은?', KBS 뉴스, 2017.03.14., http://mn.kbs.co.kr/mobile/news/view.do?ncd=3444870#kbsnews.

3 '트럼프, '후원기업 제품 사라'…트위터 홍보에 논란', 〈연합뉴스, 2017.01.13., https://www.yna.co.kr/view/AKR20170113067100009.

4 '한때 생활용품 대명사, 가습기 살균제 사태로 추락…대형 유통 체인서 사실상 퇴출', 〈MBN〉, 2018.03.26., https://www.mk.co.kr/news/economy/view/2018/03/191155/.

5 ''직원을 부속품 취급'…대한항공 직원들 총수일가 퇴진 촉구', 〈연합뉴스〉, 2018.05.12., https://www.yna.co.kr/view/AKR20180512045500004?input=1195m.

6 '[단독] 호식이 두 마리 치킨 회장, 20대 여직원 성추행 혐의 피소', 〈YTN〉, 2017.06.05., https://www.ytn.co.kr/_ln/0103_201706050511040062.

〈1부〉

1 '사회적 가치 · 수익률 동시 추구 … 세제혜택 등 투자 유인책 필요 [세상을 바꾸는 사회적 금융]', 〈세계일보〉, 2019.10.22., http://www.segye.com/newsView/20191021512909?OutUrl=naver.

2 ''또 다른 지구는 없다'…전 세계 청년 수백만 기후변화대응 촉구(종합)', 〈연합뉴스〉,2019.09.21., https://www.yna.co.kr/view/AKR20190921027701009.

〈2부〉

1 '글로벌 SNS 이용 및 매체별 오디언스 현황', 〈나스미디어 리포트〉, 2019.07.24., https://m.blog.naver.com/PostView.nhn?blogId=sanail0907&logNo=2215879 90584&proxyReferer=https%3A%2F%2Fwww.google.com%2F.

2 '비행기 탑승 전 날린 트윗, 도착 후 '해고' 부메랑', 〈연합뉴스〉, 2013.12.22., https://www.yna.co.kr/view/AKR20131222054400009.

3 '"중국인들은 무례하고 더럽다"? SNS 관리 잘못해 망한 기업들', 〈인터비즈〉, 2019.10.22., https://1boon.kakao.com/interbiz/5dad0c0e6654465edc210b81.

4 '"유니클로 '불매운동 오래 못가" 임원 발언 사과', 〈국민일보〉, 2019.07.16., https://www.msn.com/ko-kr/money/topstories/유니클로-'불매운동-오래-못가'-임원-발언-사과/ar-AAEpc12.

5 OECD와 BSR(Business for Social Responsibility, 기업의 사회적 책임에 대해 연구하는 국제적 비영리단체)이 선정한 기업이 대응해야 할 사회문제.

〈3부〉

1 'Exclusive: "Patagonia is in business to save our home planet"', 2018.12.13., 〈Fastcompany〉, https://www.fastcompany.com/90280950/exclusive-patagonia-is-in-business-to-save-our-home-planet.

2 'DBR Case Study: 파타고니아의 지속가능 경영 전략', 〈DBR〉 285호(2019년 11월 Issue 2), https://dbr.donga.com/article/view/1203/article_no/9369.

3 '한국 진출 없다는 에어아시아 회장, "우리는 봉지째 땅콩 준다"', 〈한겨레신문〉, 2018.12.14., http://www.hani.co.kr/arti/economy/marketing/874477.html.

4 '"빨대와의 전쟁으론 부족하다"…친환경·가치소비에서 새 비즈니스 만드는 회사들', 〈머니투데이〉, 2018.07.11., https://news.mt.co.kr/mtview.php?no=2018071113495595916.

5 '[Insight] 소비자가 달라졌어요…"착한 제품만 산다"', 〈매일경제〉, 2019.01.04., https://www.mk.co.kr/news/business/view/2019/01/6879/.

6 Futerra, 2015, 〈Selling Sustainablity〉 report, https://www.wearefuterra.com/wp-content/uploads/2015/10/FuterraBSR_SellingSustainability2015.pdf에서 필자 번역 발췌.

7 '고장난 자본주의를 고쳐라...대안 모색하는 세계', 〈경향비즈〉, 2019.11.16., http://

biz.khan.co.kr/khan_art_view.html?artid=201911161052001&code=920100#c
sidxfaad4fb5d40133eac0b0c52697d3ef6.

〈4부〉

1   'What they said in 1999 about Amazon dot com', alynglobal, 2018.04.27.,
     https://www.youtube.com/watch?v=Yv8MrBBuRqI.

2   '우버 택시 · 테슬라 전기차는 파괴적 혁신일까 아닐까?', 〈한국경제〉, 2015.11.27.,
     https://www.hankyung.com/society/article/2015112786571.

3   지속가능발전포털(http://ncsd.go.kr/)에서 부분 발췌.

4   '미쉐린, 펑크 없는 타이어 개발로 새도약 시작...혁신 가속화', 〈베타뉴스〉,
     2019.06.13., http://www.betanews.net/article/1019446.

5   '일본상품 불매!, 썰렁한 대마도 마트', 〈연합뉴스〉, 2019.08.04., https://www.yna.
     co.kr/view/PYH20190804067000013?input=1196m.

6   조효진, 《2018 불매운동 기업리스트-관련기사와 기업의 대응》, 2018, https://
     dasibookshop.com/product/untitled-1982.

7   '[신조어 사전] 개인취향 · 신념을 솔직하고 거침없이 드러내는 행위: 미닝아웃',
     〈서울경제〉, 2019.12.12., https://www.sedaily.com/NewsView/1VS1P51LB7.

8   '파타고니아, 창립 이래 최초 사명선언문 변경', 〈패션서울〉, 2019.04.19., https://
     www.fashionseoul.com/168729.

9   출처: UBS, 〈억만장자 인사이트 2019〉 보고서. file:///C:/Users/%EA%B9%80%E
     C%9D%80%EC%B0%AC/Downloads/ubs-billionaires-insights-2019.pdf에
     서 부분 발췌 및 필자 번역 인용.

10   UBS, 〈억만장자 인사이트 2019〉 보고서.

11   '美비평가협회상 휩쓴 〈기생충〉, 이제 골든글로브 · 아카데미로', 〈일간스포
     츠〉, 2019.12.09., http://isplus.live.joins.com/news/article/article.asp?total_
     id=23651937&cloc=.

12   '봉준호 감독, "드라마 쪽도 표준근로계약 잘 정리되길"', 〈CBS노컷뉴스〉,
     2019.05.28., https://www.nocutnews.co.kr/news/5158212.

13   '이것은 팬레터입니다, 수신자는 '아이유'', 〈오마이뉴스〉, 2019.11.22.,
     http://www.ohmynews.com/NWS_Web/View/at_pg.aspx?CNTN_
     CD=A0002589083&CMPT_CD=P0010&utm_source=naver&utm_

medium=newsearch&utm_campaign=naver_news.

14 '"취업 트렌드 바뀌고 있다"…공공기관보다 '중견기업' 선호', 〈매일경제〉, 2019.07. 20., https://m.mk.co.kr/news/society/view/2019/07/544417/#mkmain.

15 'We Don't Sell Saddles Here', 2014. 02. 18., https://medium.com/@stewart/ we-dont-sell-saddles-here-4c59524d650d에서 원문 발췌 및 필자 번역.

16 https://www.stateofagile.com/#ufh-i-338501295-11th-annual-state-of-agile-report/473508에서 'AGILE SUCCESS AND METRICS' 필자 발췌 및 번역.

17 '[3분 경제]남들 한다는 '애자일'…우리 회사도 해야 할까?', 〈비즈니스 WATCH〉, 2019.06.03., http://news.bizwatch.co.kr/article/ceo/2019/06/03/0028.

〈5부〉

1 '"당신들이 내 꿈 앗아가"…'환경 소녀' 툰베리, 유엔서 격정연설', 〈연합뉴스〉, 2019. 9.24., https://www.yna.co.kr/view/AKR20190924061651009?input=1195m.

2 '"내일은 늦으리" 툰베리 호소에…전 세계 젊은이들 릴레이 '기후 파업'', 〈한겨레〉, 2019.09.20, http://www.hani.co.kr/arti/international/international_general/910360.html#csidx07f1bca7e648e829228c5b9056d9d8d.

3 '기후 파업' 올해의 단어로 선정', 〈경향신문〉 2019.11.08, http://news.khan.co.kr/ kh_news/khan_art_view.html?artid=201911082103005&code=970100

4 '기업 후원받는 기후변화 협약 비난 광고…오바마부터 아베까지 각국 정상 조롱', 〈아주경제〉, 2015.12.03, https://www.ajunews.com/view/20151203110135063.

5 '"지구를 지켜라", 행동에 나선 세계 시민들', 〈YTN뉴스〉, 2015.11.30, https:// news.naver.com/main/read.nhn?mode=LSD&mid=shm&sid1=104&oid=052 &aid=0000735527&cid=1011500&iid=1339759.

6 '[설왕설래] 플라스틱 쓰레기 대란 1년', 〈세계일보〉, 2019.04.19, http://www. segye.com/newsView/20190419505179?OutUrl=naver.

7 '하위 324만 명 근로소득 합쳐야 상위 1만 8,000명과 비슷', 〈경향비즈〉, 2019.10. 26., http://biz.khan.co.kr/khan_art_view.html?artid=201910062120025&co de=920100.

8 크레디트스위스(Credit Suisse), '2019 글로벌 웰스 보고서(Global wealth report 2019)', P.53, https://www.credit-suisse.com/about-us/en/reports-research/global-wealth-report.html.

9   '가난을 연구하는 경제학은 어디에? [최재천의 책갈피] 〈가난한 사람이 더 합
    리적이다〉', 〈프레시안〉, 2019.10.30., http://www.pressian.com/news/
    article/?no=263290&utm_source=naver&utm_medium=mynews.

10 '"日여행 불매운동"더 거세졌다…9월 日방문 한국인 58% 급감(종합)', 〈연합뉴
    스〉, 2019.10.16., https://www.yna.co.kr/view/AKR20191016165551073?input
    =1195m.

11 '퍼 나르기는 2차 가해… 자정 노력만큼 징역형 등 처벌 강화해야', 〈서
    울신문〉, 2019.03.22, http://www.seoul.co.kr/news/newsView.
    php?id=20190322039001&wlog_tag3=naver.

12 https://www.instagram.com/boyscoutsofamerica/; [관련기사] '[서소문사진
    관]쓰레기 치우고 인증, 트래시태그 챌린지 열풍', 〈중앙일보〉, 2019.04.01., https://
    news.joins.com/article/23427810.

13 'Meet the Man Who Popularized the Viral #Trashtag Challenge Getting
    People Around the World Cleaning Up', 2019.03.12., 〈TIME〉 by Rachel E.
    Greenspan, https://time.com/5549019/trashtag-interview/.

14 '한국판 트래시태그가 부린 '마법'…부산대 길거리 청소열풍', 〈뉴스1〉, 2019.07.16.,
    http://news1.kr/articles/?3671297; '속초시, 트래시 태그 캠페인 펼쳐', 〈프레시
    안〉, 2019.07.31., http://www.pressian.com/news/article/?no=251345&utm_
    source=naver&utm_medium=search; '관악 트래시태그 챌린지 인기', 〈헤럴드경
    제〉, 2019.05.28., http://news.heraldcorp.com/view.php?ud=20190528000627;
    '부천시 '트래시태그 챌린지'로 환경&놀이 두 마리 토끼 잡았다', 〈매일일보〉,
    2019.11.20., http://www.m-i.kr/news/articleView.html?idxno=656711.

15 '[카드뉴스] SNS 순기능! 트래시태그(#trashtag)', 〈데일리안〉, 2019.03.14.,
    https://m.post.naver.com/viewer/postView.nhn?volumeNo=18290012&mem
    berNo=44005401&vType=VERTICAL.

16 니얼 퍼거슨, 《광장과 타워: 프리메이슨에서 페이스북까지, 네트워크와 권력의 역
    사》, 21세기북스, 2019.

17 케임브리지 사전 원문은 다음과 같다. 'Populism: political ideas and activities
    that are intended to get the support of ordinary people by giving them what
    they want.'

18 위키백과에 따르면 (차별 없는) 보통선거를 가장 먼저 도입한 나라는 뉴질랜드로

1898년이었으며, 오스트레일리아 1902년, 핀란드 1906년의 순서라고 한다. 미국은 1920년, 프랑스는 1944년이며, 대한민국은 1948년에 보통선거가 시행됐다.

19   '유럽 정치 위기가 영국에서 독일로 확산… 포퓰리즘 확산에 기존정치 위기', 〈글로벌 이코노믹〉, 2019.10.14., http://news.g-enews.com/view.php?ud=2019100410 06342260b5d048c6f3_1&md=20191004114448_M.

20   '유럽 포퓰리즘 약진… JP모건의 관측이 주목받는 이유', 〈한국경제〉, 2019.05.31., https://www.hankyung.com/international/article/2019053156521.

21   '무역전쟁-포퓰리즘-기후변화… 한국 저항력 15위', 〈뉴스핌〉, 2019.10.30., http://www.newspim.com/news/view/20191030000231.

22   '툰베리 효과, 오스트리아 정치지형도 바꿨다… 녹색당 대약진', 〈연합뉴스〉, 2019.09.30., https://www.yna.co.kr/view/AKR20190930061400009?input=1195m.

23   '90년대생 불평등 보고서: 환승 어려워진 계층 순환버스', 〈경향신문〉, 2019.09.30., http://news.khan.co.kr/kh_news/khan_art_view.html?artid=2019093006002 5&code=940100.

소셜임팩트

제1판 1쇄 인쇄 | 2020년 1월 6일
제1판 1쇄 발행 | 2020년 1월 13일

지은이 | 이상일, 최승범, 박창수
펴낸이 | 한경준
펴낸곳 | 한국경제신문 한경BP
책임편집 | 김은찬
저작권 | 백상아
홍보 | 서은실 · 이여진
마케팅 | 배한일 · 김규형
디자인 | 지소영
본문디자인 | 디자인 현

주소 | 서울특별시 중구 청파로 463
기획출판팀 | 02-3604-553~6
영업마케팅팀 | 02-3604-595, 583   FAX | 02-3604-599
H | http://bp.hankyung.com   E | bp@hankyung.com
F | www.facebook.com/hankyungbp
등록 | 제 2-315(1967. 5. 15)

ISBN 978-89-475-4550-1 03320